Michael Dillinger
Von Gugel bis Google
150 Jahre
Hofenfels-Gymnasium Zweibrücken

Mai 2011

*Für Margarete
in Erinnerung an
unsere gemeinsame Zeit
am HFG !*

*♥lichst
Christine*

ECHO VERLAG
ZWEIBRÜCKEN

Für Spenden bedanken wir uns bei:
Schlossapotheke Alfred Welter, Autohaus Stoltmann, Fahrschule Frank, Marianne Burger, Metalltechnik Xaver Mak, Versicherungsbüro Simmet und Palm, Edeka-Aktiv-Markt Dieter Ernst, Stadtwerke Zweibrücken

Die Festschrift ist zu beziehen über den Buchhandel und das Hofenfels-Gymnasium, Zeilbäumerstr. 1, 66482 Zweibrücken

Herausgeber:	Hofenfels-Gymnasium Zweibrücken und Bund der Ehemaligen und Freunde des Hofenfels-Gymnasiums
Text:	Michael Dillinger
Ausblick:	Werner Schuff
Fotos und Abbildungen:	Schul-Archiv, Manfred Marx
Layout und Satz:	Echo Verlag Zweibrücken

ECHO VERLAG ZWEIBRÜCKEN
Postfach 2020, 66470 Zweibrücken, 2011
ISBN 978 3 924255 27 5

Von
1861
Gugel
bis
2011
Google

150 Jahre
Hofenfels-Gymnasium
Zweibrücken

eine Schulgeschichte

GELEITWORT DES SCHULLEITERS

Wenn man die Geschichte des Hofenfels-Gymnasiums verfolgt, erkennt man, dass sich zwei Aspekte wie ein roter Faden durch die vergangenen 150 Jahre gezogen haben: Zum einen hat der ständige Wandel in der Gesellschaft immer wieder zu Veränderungen im Schulalltag geführt, zum anderen ist die Raumnot im Schulgebäude das Thema, das unsere Schule seit ihrer Entstehung im Jahre 1861 beschäftigt.

Der gesellschaftliche Wandel der letzten 150 Jahre zeigt sich für mich insbesondere in der Einführung demokratischer Strukturen und der starken Förderung der weiblichen Schüler.
Aus heutiger Sicht ist es nur schwer vorstellbar, dass Schule bis etwa 1971 ein „rechtsfreier Raum" war. Eltern und Schüler hatten kaum Möglichkeiten zur Mitsprache und Mitgestaltung des schulischen Lebens. Toleranz und die Bereitschaft zur Leistung kann man Schülerinnen und Schülern nur nahe bringen, wenn sich Lehrer, Eltern und Schüler als Partner verstehen und gesellschaftliche Herausforderungen gemeinsam annehmen.

Noch in der Festschrift zum 125-jährigen Schuljubiläum ging man davon aus, dass mit dem Bezug des Neubaus 1965 die Probleme bezüglich des Raumangebots und der Ausstattung unserer Schule weitgehend erledigt wären. Die dynamische Entwicklung der letzten zehn Jahre machte jedoch erneut mehrere Baumaßnahmen notwendig. Diese konnten unsere Raumnot zwar etwas lindern, aber eine endgültige Lösung ist immer noch nicht in Sicht.
Wir sind sehr froh, dass die Stadt Zweibrücken als Schulträger die Verbesserung der räumlichen Situation unserer Schule stets wohlwollend unterstützt.

An dieser Stelle gilt es Dank zu sagen allen, die uns in der Vergangenheit konstruktiv begleitet und mitgeholfen haben, den schwierigen Vorgang der Erziehung immer wieder neu zu beginnen. Neben der Schülervertretung und dem Schulelternbeirat möchte ich besonders den Bund der Ehemaligen erwähnen und hier insbesondere das riesige Engagement des seit 1985 amtierenden Vorsitzenden, Herrn Dr. Christoph Erhard, hervorheben.

Mein besonderer Dank gilt Herrn Studiendirektor Michael Dillinger, der die redaktionelle Arbeit zu dieser Festschrift geleistet hat. Durch sein stetes Bemühen, auch außerschulische historische Begebenheiten und Entwicklungen im Blick zu behalten, ist es ihm gelungen, unsere Schulgeschichte in den vergangenen 150 Jahren in einen sehr unterhaltsamen und spannenden Kontext zu stellen.

Ich hoffe, dass Sie viel Freude bei der Lektüre der vorliegenden Jubiläumsschrift haben werden und sich die erfreuliche Entwicklung unseres Gymnasiums auch in der Zukunft fortsetzt.

Werner Schuff
Oberstudiendirektor

im Februar 2011

GRUßWORT DES BUNDES DER EHEMALIGEN

Als ich im März 1985 den Vorsitz des Bundes der Ehemaligen übernommen hatte, stand das 125. Jubiläum des Hofenfels-Gymnasiums im Jahr 1986 kurz bevor. Ebenfalls im März 1985 übernahm Dieter Höhle die Leitung der Schule; wir haben quasi zeitgleich unsere jeweiligen Ämter angetreten. Schnell hat sich eine sehr enge Verzahnung zwischen Schule und Bund der Ehemaligen entwickelt, und nach ca. vier bis fünf Jahren hat sich die Mitgliederzahl des Bundes der Ehemaligen, die Mitte der achtziger Jahre zeitweise unter 500 abgerutscht war, wieder auf über 800 erholt, wo sie seit vielen Jahren stabil verharrt.

Höhepunkte waren zweifellos immer die Abiturfeiern. Da ich selbst in einer Zeit im Hofenfels-Gymnasium mein Abi gemacht habe, in der Abiturfeiern nicht gerade „in" waren, und da mein Abi-Jahrgang 1981 völlig ohne Feier verabschiedet wurde - es gab lediglich einen 30-minütigen Termin in der Aula zur Entgegennahme der Zeugnisse durch Dr. Carius -, hatte ich persönlich hier natürlich Nachholbedarf.

So ließ ich es mir in den Jahren nicht nehmen, bei der Verabschiedung der Abiturientinnen und Abiturienten immer persönlich mit dabei zu sein. Lediglich 1998 und 2003 war ich beruflich verhindert, aber sonst habe ich seit 1985 in jedem Jahr Abi gefeiert - und dies sehr genossen! Natürlich habe ich am Rande der Abifeiern immer gerne Werbung gemacht für den Bund der Ehemaligen, und so manche/r frischgebackene/r Abiturient/in hat sich denn auch spontan dazu entschieden, noch am Abend der Abifeier Mitglied zu werden.

Mit Dieter Höhle verbindet mich eine herzliche freundschaftliche Verbundenheit. Allzu schnell sind die Jahre vorübergegangen bis zu seiner Pensionierung 2005.

Dank der Mitgliedsbeiträge und Spenden konnten wir alle Fachbereiche der Schule tatkräftig finanziell unterstützen. Die seit dem Schuljahr 1985/86 jährlich erscheinende Chronik ist ein weiterer Beweis für die enge und nachhaltige Verzahnung zwischen der Schule und dem Bund der Ehemaligen.

Es freut mich sehr, dass die hervorragende Zusammenarbeit zwischen Schule und Ehemaligen mit dem „neuen" Direktor Werner Schuff auf eine äußerst angenehme und verlässliche Weise nahtlos fortgeführt wird.

Da ich beim Daimler „schaffe", gibt es für mich in diesen Tagen ein weiteres wichtiges Jubiläum. Und es ist schon erstaunlich, dass das von Fräulein Amalie Gugel in Zweibrücken gegründete Mädcheninstitut 25-jähriges Jubiläum feierte, als Carl Benz im Jahr 1886 sein „Fahrzeug mit Gasmotorenbetrieb" unter der Patentnummer 37435 beim damaligen Kaiserlichen Patentamt in Berlin einreichte.

Seit über einem viertel Jahrhundert habe ich mich mit sehr vielen Personen deutschlandweit, ja weltweit über deren Schulzeit und über deren Verbundenheit zu ihrer damaligen Schule unterhalten. Noch kein einziges Mal seither habe ich auch nur im Ansatz eine derartige Verbundenheit der Schülerinnen und Schüler zu ihrer ehemaligen Schule erlebt, wie ich sie bei den Ehemaligen des Hofenfels-Gymnasiums seit Jahrzehnten vorfinde.

Darauf kann die Schule stolz sein.

Dr. Christoph Erhard
1. Vorsitzender des Bundes der Ehemaligen
und Freunde des Hofenfels-Gymnasiums

im Februar 2011

„Die Lesende" (1957)
Graphik von Margarete Palz, damals noch als Margarete
Heisler Schülerin unseres Gymnasiums

VORWORT

„Von Gugel bis Google" – Was hat der Name einer Suchmaschine mit dem Nachnamen der Tochter Amalie eines 1846 verstorbenen Zweibrücker Landkommissärs zu tun? Nun, wenn man heute bei Google den Begriff „Hofenfels-Gymnasium Zweibrücken" eingibt, so zählt die Suchmaschine aktuell 4780 Einträge. Etliche davon führen auf den Namen „Gugel" und schlagen damit eine Brücke über 150 Jahre Schulgeschichte von 2011 bis ins Jahr 1861. Damals nämlich rief jene Amalie Gugel in Zweibrücken ein Mädcheninstitut ins Leben, gleichsam die Urgroßmutter unserer Schule.

Diese Festschrift versucht, die Brücke in umgekehrter Richtung zu gehen, Schritt für Schritt, Seite für Seite, von 1861 bis in die Gegenwart des Jahres 2011.

Leider sind im Zweiten Weltkrieg alle Unterlagen über Lehrkräfte und Schülerinnen aus der Zeit vor 1913 und auch andere Dokumente verloren gegangen; das macht den Weg am Anfang etwas beschwerlich. Dennoch gibt es genügend Quellen und Veröffentlichungen, auf die sich der Verfasser stützen konnte:

An erster Stelle sei hier erwähnt die von Dieter Höhle, Schulleiter von 1985 bis 2005, herausgegebene „Chronik 1900 – 1999", die auf 524 Seiten die Entwicklung der Schule im 20. Jahrhundert dokumentiert. Weitere ergiebige Fundstellen sind die Festschriften anlässlich der Schuljubiläen 1951, 1961 und 1986, die Festschrift anlässlich der Einweihung des heutigen Schulgebäudes 1965, die in Zusammenarbeit mit dem „Bund der Ehemaligen" seit 1962 regelmäßig erscheinenden Publikationen „Jahresgruß" (bis 1968), „Gestern und heute" (bis 1985), „Chronik" (seit 1986 bis heute), die „Weihnachtlichen Grüße" des Bundes der Ehemaligen (1954 bis 1960) sowie die „Jahresberichte" der Schule (1913 bis 1960, mit Unterbrechungen) und natürlich die von Otto Graßhoff 1970 begründeten, von mir seit 2003 weitergeführten Schultagebücher.

Die Brücke trägt.

Michael Dillinger

im Februar 2011

1592...

...ist zwar nicht das Gründungsjahr des Hofenfels-Gymnasiums, aber es ist das Jahr, in dem, wohl zum ersten Mal in deutschen Landen, ein Landesherr in seinem Territorium eine Art allgemeiner Schulpflicht einführte: Dieser Landesherr hieß Johann I., das Territorium war das Herzogtum Pfalz-Zweibrücken!

Festgehalten ist der diesbezügliche Erlass in den „evangelischen Kirchenordnungen des 16. Jahrhunderts". Dort heißt es im „*Dorfschulmandat*" vom August 1592:

„Johans etc.

Liebe getrewe. Nachdem zu erbauung der Christlichen Kirchen und befürderung gemainen nutzes die notturfft wohl erfordert, daß ann allen ortten Christliche Schulen angestellt und gehallten, in denen die herwachsende jugentt im schreiben, lesen und andern guetten künsten underrichtet, gelehrt und ahngewißen werde, und aber die gelegenheitt dieses Fürstenthumbs also beschaffen, daß man uf mehrerteils dörffern nit aigne Schulmeister haben noch underhallten mag, so hatt uns für guet angesehen, den Pfarrern, welche, ohne das irem Studirn abzuwartten, steets zu hauß und anheimisch pleiben, zu bevehlen, uf den dörffern Schul zuhallten, inmassen beiliegende verzeichnus außweist. Ist auch hiemit unser gnediger bevelch, daß ihr ihnen solches in unserm Nammen also vermeldet und ufferleget, daneben auch die underthanen vermahnet, ire Kinder zur Schul zuschicken..."

1802...

...erst, nachdem die meisten protestantischen Fürstentümer und auch Preußen schon im 17. und 18. Jahrhundert die Schulpflicht eingeführt hatten, zog Bayern mit einem entsprechenden Gesetz nach:

Die kurfürstliche Verordnung vom 23. Dezember 1802 befahl, so Horst Schiffler in seinem Aufsatz „Die pfälzische Schule in bayerischer Zeit", *dass alle Kinder vom sechsten bis 12. Lebensjahr die Schule zu besuchen hatten, es sei denn, die Eltern konnten entsprechenden Privatunterricht nachweisen.*"

Als Zweibrücken 1816 wie die ganze linksrheinische Pfalz Teil des Königreiches Bayern wurde, galt die oben zitierte Verordnung auch dort.

1817...

...erschien in Zweibrücken am 28. Juli ein zweisprachiges Flugblatt ohne Namensunterschrift, das für ein 1811 noch unter französischer Besetzung entstandenes privates *„Pensionat unter dem Namen eines deutschen und französischen Erziehungs-Hauses..."* warb:

„In diesem...zur Bildung junger Frauenzimmer jeder Religion bestimmten Erziehungs-Hause lehret man dieselben das regelmäßige Lesen und Schreiben im Deutschen und Französischen, das Recht-Schreiben, das Rechnen, die Geographie, die Geschichte, das Nähen und Sticken jeder Art, und überhaupt alle den Frauenzimmern schicklichen Handarbeiten. Das Tanzen, das Zeichnen und die Musik werden auf besondere Kosten der Eltern gelehrt. In diesem Erziehungs-Hause, welches wegen seiner Größe, der guten und lüftigen Lage, und der Einteilung in Schlafzimmer, Speisesaal, Krankenzimmer usw. zu diesem Ende sehr geeignet und schicklich ist, wird die beste Ordnung und größte Reinlichkeit herrschen, und werden mehrere Lehrerinnen sein, welche für junge Frauenzimmer zu unterrichten, und selbe in den Tugenden und in der Moralität zu bilden, die gehörigen Talente und Eigenschaften besitzen. Die Kost-Gängerinnen, welche eine gute und gesunde Kost haben werden, tragen einerlei Kleidung bei dem Kirchen- und Spaziergange, zu Hause aber ihre gewöhnlichen Kleider. Jede schläft allein, und stellt sich eine Bettdecke, sechs Bett-Tücher, zwölf Servietten, sechs Hand-Tücher, nebst dem Besteck..."

Die Schule wurde 1818 wegen der Vorbehalte der bayerischen Regierung gegen die aus Lothringen kommenden Lehrerinnen aufgelöst.

„Kann endlich das Glück unserer Kinder dadurch befördert werden, wenn die Söhne eine deutsche, die Töchter aber eine französische Erziehung erhalten?" (gez. v. Hofenfels)

Karl August von Hofenfels, Sohn des Namensgebers unserer Schule, war von 1818 bis 1839 Königlich-Bayerischer Landkommissär in Zweibrücken.

1832...

...wurde ein weiterer Versuch unternommen, in Zweibrücken eine Mädchenerziehungsanstalt einzurichten.

Darüber schreibt Ernst Zink, Schulleiter von 1913 bis 1918, 1914 im „Jahresbericht der städtischen höheren Mädchenschule":

„Eine knappe Darstellung des Mädchenerziehungswesens in Zweibrücken, soweit es sich höhere Ziele gesteckt hat als die Volksschule, muß auf die erste Hälfte des 19. Jahrhunderts zurückgehen.

Infolge der politischen Zerrissenheit und wirtschaftlichen Ohnmacht Deutschlands, der weiten Entfernung der Pfalz von ihrem Hauptlande Bayern und infolge der großen Nähe der ehemaligen französischen Grenze machte sich in Zweibrücken der fremde Einfluß wie damals auf allen Gebieten auch in der Erziehung geltend. Die Mädchen der besseren Stände wurde in den Instituten zu Nancy und Metz erzogen. Einsichtsvolle Bürger der Stadt forderten damals die Errichtung einer Mädchenerziehungsanstalt. Darum gründete Fräulein Magdalene Jacob aus Kaiserslautern am 30. September 1832 eine Schule, die auf die Volksschule aufbauend, den Mädchen eine vertiefte Bildung vermitteln sollte. Nach kurzem Bestand ging die Schule wieder ein."

Die Gründe für das Scheitern sind leider nicht mehr zu ermitteln.

1840...

...gab es einen dritten, diesmal erfolgreichen Anlauf, in Zweibrücken ein Mädcheninstitut zu eröffnen.

„*Am 26. März 1840 wurde durch die Kreisregierung genehmigt, dass von Fräulein Elise Hoffmann aus Zweibrücken, Tochter eines Appellationsgerichtsrates, im Verein mit Pfarrer und Inspektor Krieger, ein Mädcheninstitut errichtet wurde. Noch im Herbst 1840 übernahm Fräulein Julie Hoffmann, Schwester der vorigen, bisher Vorsteherin des Karolineninstitutes in Frankenthal, die Schule und führte sie 20 Jahre lang. Die Anstalt hatte selten über 50 Schülerinnen und drohte 1860 wegen geringen Besuchs einzugehen. Das Schulgeld betrug 48 fl.*" (Zink a.a.O.)

Auf finanzielle Unterstützung von Seiten der Stadt konnte das Institut allerdings nicht hoffen. In seiner Sitzung vom 29. Dezember 1840 antwortete der Stadtrat auf ein Gesuch des Königlichen Landkommissariats:

„*In Erwägung, daß bekanntlich die Finanzen der Stadtkasse nicht in glänzendem Zustand sind, um eine Unterstützung zu diesem Etablissement verabreichen zu können, so gern man dazu bereit wäre, indem die Stadt selbst in der Lage sich befindet, Geld zur Bezahlung dringender Ausgaben zu bestreiten, aufzunehmen, sieht sich der Stadtrat gemüßiget, die Erklärung abzugeben, daß diesem Gesuch nicht willfahren werden könne.*" (Zink a.a.O.)

1844...

...wurde ein erneuter Antrag der Julie Hoffmann auf Unterstützung vom Stadtrat in seiner Sitzung am 8. Oktober abschlägig beschieden:

„In Betracht, daß es schon längst der Wunsch des Stadtrates ist, die hiesigen Volksschulen von dem für die meist weniger bemittelten Familien sehr drückenden Schulgeld zu befreien, wenn nicht die notorische Mittellosigkeit der Gemeinde stets im Wege stünde; in Erwägung, daß das fragliche Institut dagegen nur von solchen Schülerinnen, deren Eltern alle vermögend sind, besucht wird, daher die Notwendigkeit einer Unterstützung nicht so dringend erscheint; aus diesen Gründen erklärt der Stadtrat mit Bedauern, dem oben erwähnten Gesuch...nicht entsprechen zu können."

1861...

...erhielt Amalie Gugel, eine 1834 in Bad Bergzabern geborene Tochter des 1846 verstorbenen Landkommissärs Gugel, am 26. April die Genehmigung, in Zweibrücken ein Mädcheninstitut zu eröffnen.

Die Stadt hatte damals 7175 Einwohner.

40 Schülerinnen besuchten in diesem ersten Jahr das Institut; wo es untergebracht war, lässt sich nicht mehr rekonstruieren.

Damit beginnt nach übereinstimmender Meinung der Historiker die Geschichte des heutigen Hofenfels-Gymnasiums.

Im selben Jahr übernahmen Elise Big-Loisy aus Lunéville und Harriet Jan Osborne aus England das vorhin erwähnte Institut der Julie Hoffmann.

1863...

...erschien am 14. September folgende Anzeige für die „*Erziehungs- und Bildungsanstalt und Pensionat für junge Mädchen von Amalie Gugel in Zweibrücken*" im Zweibrücker Wochenblatt:

„*Am 15. Oktober nächsthin beginnt der Wintercursus in dem weiblichen Erziehungs-Institut der Unterzeichneten und werden bis dahin auch weitere Pensionäre aufgenommen. Der Unterricht in allen Fächern wird von vorzüglichen Professoren und Lehrern der hiesigen Anstalten und der Vorsteherin ertheilt. Der Unterricht in der französischen Sprache wird von einer geborenen Französin, der Unterricht in der englischen Sprache von der Vorsteherin, welche sich hiezu in England selbst ausgebildet hat, der Unterricht in den weiblichen Arbeiten von Fräulein Sophie Gugel ertheilt. Bei dem Unterricht in der französischen Sprache wird besondere Sorgfalt auf die Conversation verwendet. Außer der Erlernung des Französischen und Englischen ist das Streben der Anstalt vor Allem auf die Bildung des deutschen Mädchens und der deutschen Jungfrau, deren größte Zierde Bescheidenheit, Wahrhaftigkeit, frommer und dabei frischer und fröhlicher Sinn und praktische Lebenstüchtigkeit ist, gerichtet.*
Durch die bis zum 1. Oktober stattfindende Uebersiedlung der Anstalt in das Haus des Herrn Adjunkt Keller in der Karlstraße wird dieselbe in den Mittelpunkt der Stadt verlegt und ist durch die große Geräumigkeit der neuen Lokalitäten die Aufnahme einer größeren Anzahl von Pensionären ermöglicht, für deren körperliche Ausbildung die gesunde Lage des Hauses und der hinter demselben befindliche Garten die günstigsten Vorbedingungen bieten..."

Gymnasialprofessor Friedrich Kraft

1870...

...heiratete Amalie Gugel Herrn Jakob Gassenberger in Ludwigshafen.

Da nur unverheiratete „Fräuleins" den Beruf der Lehrerin ausüben durften, übergab sie am 21. Februar 1870 ihr Institut an Anna Jakobine Doflein.

Über die Familie Doflein lesen wir bei Wilhelmine Gölz in der Festschrift 1961:

„*Die Familie stammte aus Mainz, wo der Urgroßvater (1715 - 1791) Mitglied der Goldschmiedezunft und später Hofjuwelier des Kurfürsten Emmerich Joseph war. Auch der Großvater (1752 - 1809) wird noch als Goldschmied und Juwelier in Mainz geführt. Aber der Vater (1791 - 1849) mußte die Wechselfälle des Lebens kennenlernen und für sich und seine kinderreiche Familie als „Zeichenlehrer in eigener Schule" in Mainz die Existenz schaffen, ihm zur Seite seine Frau Maria Josepha geb. Brentano (1800 - 64), verwandt mit dem Frankfurter Zweig der Brentanos.*"

1872 holte Anna Jakobine ihre Schwester Elise als Mitvorsteherin nach Zweibrücken, die 1874 die Leitung übernahm, als Anna Jakobine ebenfalls heiratete.

Frauen aus der Familie Doflein führten das Institut als private Einrichtung bis ins Jahr 1913.

Elise Doflein

1871...

...überließ am 8. Mai „*die Stadtverwaltung das ihr zu wohltätigen Zwecken geschenkte Haus des Rentners Eugen Wilhelm in der Fruchtmarktstraße* - die genaue Anschrift lautete Fruchtmarktstraße 22 - *zu einem mäßigen Mietzins (600 fl.)*" dem Dofleinschen Institut zur Nutzung. „*Dafür sollten der Stadt 6, von 1881 an 8 Freiplätze zur Verfügung stehen.*" (Zink a.a.O.)

Ganz so glatt ging diese „Überlassung" durch die Stadt denn aber doch nicht vonstatten; über die näheren Umstände berichtet Emmy Gehrlein-Fuchs in „Gestern und heute" von 1975:

„*Es trat jedoch unerwartet ein Rückschlag ein, als die Erben des Herrn Wilhelm das Legat anfochten und bestritten, daß der an das Wohnhaus unmittelbar anschließende Garten mitverstanden sein sollte. Eine prozessuale Verwicklung schien unvermeidlich, sie konnte jedoch durch den Abschluß eines „billigen Vergleiches" vermieden werden. Danach verblieb der Garten im Besitze der Stadt, diese mußte sich dafür verpflichten, eine Angehörige der Erben namens Gribius 2 Jahre lang im Dofleinschen Institut unterzubringen und ihr Wohnung, Lehrmittel und Verpflegung gewähren, wofür die Stadt an Fräulein Doflein jährlich 150 fl. zu vergüten hatte...*"

Im gleichen Jahr übernahm Mathilde Kroemelbein das Hoffmannsche Institut von den Damen Big-Loisy und Osborne; es hatte zu dieser Zeit seine Räume wohl in der Landauer Straße.

Das Wilhelmsche Haus,

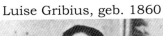

Luise Gribius, geb. 1860

vom Garten aus gesehen

1876...

...lehnte der Zweibrücker Stadtrat in seiner Sitzung vom 15. Dezember einen Antrag Elise Dofleins, das Wilhelmsche Haus wegen der stetig zunehmenden Zahl an Schülerinnen um ein drittes Stockwerk zu erweitern, mit der recht scharf formulierten Begründung ab,

„...daß die Räumlichkeiten des Wilhelmschen Hauses, wie sie zur Zeit der Übernahme bestanden, dem Frl. Doflein zur Unterbringung ihres Privat-Institutes nur mietweise überlassen worden sind; daß dieses Privat-Mietverhältnis, welches gegen halbjährige Kündigung jederzeit aufgelöst werden kann, besondere Verpflichtungen, wie z.B. die Erbauung eines 3. Stockwerkes, nicht nach sich zieht, vielmehr ein solches Verlangen zur sofortigen Kündigung Anlaß geben kann."

4. Klasse 1875

Abschlussklasse aus den 70er-Jahren des 19. Jhdts.

Abschlussklasse aus dem späten 19. Jhdt.

1879...

...war es, als E.R., der vollständige Name der Schülerin ist leider unbekannt, zum ersten Mal die Dofleinsche Schule betrat.

In der Festschrift zum 125-jährigen Schuljubiläum sind Auszüge aus ihren Erinnerungen abgedruckt:

„*Unser Institut hatte fünf Klassen und eine Selekta, die ihre Stunden in den Privaträumen von Frl. Doflein empfing. Jedes Jahr wurde ein schönes Fest gefeiert und ein größerer Ausflug gemacht. Allerhand Aufführungen, Spiel und Tanz, dann Kaffee und Kuchen brachten uns alle in glücklichste Stimmung, besonders da auch Lehrer und Lehrerinnen mittanzten. Ich will noch eines erwähnen: Turnstunden hatten wir auch, aber ich kann mich nicht erinnern, wer sie gab. Man marschierte im Schulhof und machte anmutige Bewegungen, ich glaube, sogar mit Stäben.*
Das Institutsgebäude war eine Stiftung von Herrn Wilhelm. So stand auf dem Stein über dem Toreingang. Es hatte wenig Schulzimmer, da der Essraum und die Küche für die Pensionäre im unteren Stock waren. Im oberen Stock waren die Wohnräume der Vorsteherin und der Lehrerinnen; in den Mansarden die Zimmer der Pensionäre. Die Hauptschulräume waren in dem Nebengebäude. Zwischen dem Haupthaus und dem Schulgebäude war ein schöner Spielplatz für die Schülerinnen, und ein Brunnen gab das Wasser für die Krüge und Waschschüsseln. Vom Schulhof aus führten Treppen in den Garten, der wohlgepflegt mit Obst und Blumen samt dem Gartenhäuschen uns verschlossen blieb. Haus und Garten boten ein schönes Bild, gemahnend an alte Zeiten."

1883...

...schlossen sich die Institute Doflein und Kroemelbein zur „Höheren Töchterschule Doflein-Kroemelbein" zusammen. Die Eintracht währte nur bis 1886 und scheiterte wohl, wie Dr. Sigrid Hubert-Reichling in ihrem Beitrag zu „Zweibrücken 1793 bis 1918" vermutet, an der Eigenwilligkeit Mathilde Kroemelbeins.

Die Quelle, die diesbezüglich letzte Klarheit liefern könnte, nämlich der Akt im Staatsarchiv Speyer, betreffend "Das ehemalige Krömmelbeinsche Mädcheninstitut in Zweibrücken", ist „bei der Kriegsauslagerung zu Verlust geraten".

Hätte diese Trennung nicht stattgefunden, ließe sich die Gründung des heutigen Hofenfels-Gymnasiums auf das Jahr 1840 datieren und man feierte 2011 nicht das 150-jährige, sondern das 171-jährige Bestehen.

Immerhin bewirkte der zeitweilige Zusammenschluss ein Umdenken der Zweibrücker Stadtväter in Sachen Aufstockung, und so...

1884...

... liest man im Protokoll der Sitzung vom 18. April:

„*In Erwägung, daß die vorhandenen Lehrsäle des Dofleinschen Institutes durch Vereinigung beider Anstalten und die hierdurch hervorgerufene stärkere Frequentierung nicht mehr den Anforderungen, welche heute an derartige Anstaltsräume gestellt werden, genügen; in Erwägung, daß der von der Kommission eingebrachte desfallsige Antrag als der Sache entsprechend sich darstellt, indem einesteils das defekte und nicht mehr unterhaltsfähige Dach auf dem Wilhelmschen Gebäude ohnedies gänzlich abgetragen werden muß und der Aufbau eines 3. Stockwerks für das Gebäude nur von Vorteil sein kann, andrerseits aber jeder verbessernde Schritt von Seiten der Stadt gegenüber der heutigen privaten höheren Töchterschule als eine pflichterfüllte Handlung sowohl für die Erziehung der weiblichen Jugend als auch gegen die Eventualität der Errichtung einer mit bedeutenden Kosten verbundenen städtischen höheren Töchterschule bezeichnet werden muß; in Erwägung, dass die heutige höhere Privattöchterschule nach dem Urteil der Aufsichtsstelle allen Anforderungen entspricht, welche an eine derart gut geregelte Anstalt gestellt werden können, dass dieselbe mithin jeder pecuniären Unterstützung von seiten der Stadt würdig erscheint, zumal sie als Gegenleistung zehn Freiplätze gewähren muß, beschließt der Stadtrat...die geeigneten Schritte einzuleiten.*"

Zu der beschlossenen Aufstockung kam es allerdings wohl wegen der Bedenken des Stadtbauamtes bezüglich der Statik des Gebäudes nie; stattdessen wurden für 16000 Mark 1892 vier Lehrsäle im bisherigen Gartengelände errichtet, 1898 begann man mit dem Bau einer Turnhalle, die etwa 9000 Mark kosten sollte.

1893...

...war es an einem Herbsttag,

„*als ein Trüppchen Elfjähriger durch die Fruchtmarktstraße pilgerte, plaudernd, lachend, etwas stolz, weil sie nun zum „Institut" gehen, aber beileibe nicht hochmütig den in der Volksschule zurückbleibenden Mitschülern gegenüber, eher etwas befangen und sehr erwartungsvoll. So treten sie durch das große, dunkle Tor eines alten Hauses in die Helle eines großen Hofes mit freundlichen Gartenanlagen, und mitten darin ein einfaches zweistöckiges Gebäude, das ihnen nun eine neue geistige Heimat werden soll: unser Institut.*
Der Geist, der in unserer Schule herrscht, ist geprägt von der Vorsteherin, Frl. Elise Doflein, jener zierlichen, weißhaarigen Dame, die alles mit Scharfblick übersehen, aber wenn nötig auch sehr streng blicken können. Trotz einer gewissen Unnahbarkeit war und blieb sie uns stets ein leuchtendes Vorbild...Es ist am Anfang etwas verwirrend für uns, nach dem „Ein-Mann-Unterricht" in der Volksschule so vielen verschiedenen Lehrkräften gegenüberzustehen."

So weit Anna Fronmüller, geb. Stich, ebenfalls in der vorhin erwähnten Festschrift.

Was sie mit den „vielen verschiedenen Lehrkräften" meint, sei hier erklärt:

Deutsch für die Anfänger und Geschichte erteilte Frl. Elise Doflein, Handarbeit und Zeichnen Frl. Luise Doflein, Französisch und Englisch Frl. Dorothea Hummel, Rechnen Herr Vogelgesang, Zoologie und Botanik Herr Dr. Laible, Religion Herr Professor Stichter und Herr Pfarrer Jung. Deutschlehrer für die höheren Klassen war Herr Professor Herzer, der Name der Turnlehrerin wird nicht erwähnt.

1899...

„...waren wir eine bis dahin noch nie dagewesene starke Klasse", schreibt Luise Gölz 1951 in „Blätter der Erinnerung".

„Mädchen aus allen Schichten und Ständen der Stadt, ein Zeichen dafür, wie die Väter nach der fast ausschließlichen Fürsorge für die Söhne nun anfingen, auch den Töchtern den Weg zu einer umfassenden Bildung zu erschließen.
Das Schulhaus im Garten des Eugen-Wilhelm-Hauses stand bereits, im Bau war die Turnhalle. Man denke: Jahrhundertwende! – ein Ziel der Sehnsucht für uns Kinder. Denn für Turnen und obendrein Mädchenturnen gab es in jenen Jahren noch kaum eine Gelegenheit. Im Schulhof standen 2 Recke und ein etwas brüchiger Barren eingemauert, und wir „turnten" in den Pausen, vor und nach der Schule, daß uns die Handflächen bluteten...
Was wäre das Haus ohne seinen unvergleichlichen Garten gewesen!...Mäuerchen und Treppchen, die den Hausgarten vom Schulhof trennten und wo wir uns um die Wette sonnten, das ganze Jahr hindurch; die Apfel- und Birnbäume unten, die wir „abernten" halfen, der Stadtgraben hinter dem Zaun, der so oft unsere Bälle fing und sie den Mutigen, die durch die Lücken im Zaun schlüpften, wieder herausgeben mußte; das undurchdringliche Dickicht an der Mauer zur Wallstraße und zu Kallenbachs Seifensiederei, das ideale Gelände für unsere Räuber- und Indianerspiele...
Und dann nicht zu vergessen: Dofleins „Grumbeerehain", schräg ansteigend, dicht umwachsen, die unvergleichliche Bühne für Iphigeniens Monolog, Johannas Abschied, Tells Aufruf, und später Antony's Funeral Oration, Lafontaines Fabeln!
Die ganze Zauberwelt behütet und bewacht von Spittelturm und Alexanderskirche..."

1902...

...fasste der Stadtrat in seiner Sitzung vom 24. Mai folgenden Beschluss, zitiert nach dem Aufsatz „Mädchenbildung in Zweibrücken" von Wilhelmine Gölz in der „Festschrift zur Hundertjahrfeier des Staatlichen Neusprachlichen Gymnasiums 1961":

„Die Inhaberin der hiesigen höheren Töchterschule, Frl. Elise Doflein, beabsichtigt, die Anstalt an ihre beiden Lehrerinnen Frl. Luise Doflein und Dorette Hummel zu übertragen.- Offiziell vollzogen wurde die Übergabe am 9. Juli 1903.- Letztere wollen die Anstalt in der gleichen Weise wie bisher weiterführen und haben um Fortgewährung der bisher seitens der Stadtverwaltung der Anstaltsleiterin eingeräumten Vergünstigungen gebeten...Mit allen gegen eine Stimme beschließt der Stadtrat dem Gesuch stattzugeben und den beiden Damen die bisherigen Vergünstigungen fortzugewähren", fügte aber den Wunsch an, *„es möchten nur solche Mädchen in die Töchterschule aufgenommen werden, die den Lehrstoff der 4. Klasse der Volksschule beherrschen und eine diesbezügliche Aufnahmeprüfung bestehen."*

Im Protokoll ist vermerkt:

„Herr Lehmann war gegen diesen Beschluß und hatte die Errichtung einer städtischen höheren Töchterschule beantragt."

1906...

...kam Gertrud Roth, spätere Gertrud von Kraußer, nach ihrer Volksschulzeit ins Institut.

In „Gestern und heute 1976" erinnert sie sich:

„*Im Institut hatten wir sehr zahlreiche Lehrkräfte, teils aus der Volksschule, teils aus den Mittelschulen.*"

Ein Lehrer hat sie ganz besonders beeindruckt:

„*Einmal war auch ein besonderer Professor da, Herr L...(Deutsch), eine große, stattliche Erscheinung, wie ich ihn in Erinnerung habe. Er konnte auch schriftstellern und trug sich wie ein Künstler: Mit Künstlerschlapphut und mit Mantel um die Schulter drapiert!*
(Es ging die Sage, ehe er das Institut betrete, lasse er seinen Ehering im Westensäckchen verschwinden! Die Richtigkeit dieser Behauptung konnte ich nicht feststellen.) Er hatte große, schwarze Kulleraugen, die er rollen lassen konnte, und...er konnte auch gelegentlich „Händchen drücken"! Das war gruselig interessant! Er hat sich sicher über die Reaktion darauf köstlich amüsiert!"

1910...

...trat Adelheid Offermann, geb. Zeiler, im Mai ins Institut ein. Über ihre Erfahrungen schreibt sie in der Festschrift 1986:

„Der Eingang durchs Vorderhaus wirkte irgendwie ehrfurchtgebietend. Ehe man wieder ins Freie trat, lag das Treppenhaus zum Internat; dieses wurde von den Externen nicht betreten. Wenn man den inneren Bogen durchschritten hatte, stand man in einem Garten fast Spitzweg'scher Prägung...eine wahre Oase in der damals schon belebten Fruchtmarktstraße. Ein paar Stufen führten in den eigentlichen Schulhof...
Und nun noch zur Schule selbst, einem völlig nüchternen Zweckbau. Sie wurde rechts hinten vom Garten aus betreten. Die Schulsäle hatten Holzböden...Wir hatten arg vorsintflutliche Bänke ohne Klappsitze, die ohne Verankerung im Raum standen. Jede Bank hatte vier Sitze; in jedem Pult waren vier Tintenfässer eingelassen. Das Herzstück des Raums war das Katheder. Beheizt wurden die stattlichen Raummeter von ebenso stattlichen eisernen Öfen, an denen die nahe Sitzenden brieten und die an der Fensterwand Angesiedelten froren. Die Letzteren durften an ganz kalten Tagen sogar ihre Muffs benutzen! Das Heizmaterial: Kohlen und Holz. Im Winter stieg der Herr Lehrer oder Professor auf den Stuhl und entzündete für die letzte Stunde das Gaslicht...Unser Wandschmuck war kärglich; ich erinnere mich nur noch an ein Herrgöttle über dem Katheder.
Soviel ich weiß, war die Schule Eigentum der damals schon ältlichen Damen: Frl. Doflein und Frl. Hummel. Ich glaube, sie haben einen ziemlichen finanziellen Kampf ums Überleben ihres Instituts geführt...Frl. Doflein, zierlich, gerne Spitzen tragend, verkörperte mit ihrem „Pincenez" ziemlich deutlich das Französische; Frl. Hummel trug ihrem Aussehen und Wesen nach mehr die Engländerin zur Schau, redete uns auch mit „Ihr Kindren" an, war offenbar lang in England gewesen. Dr. Hofmann...wurde „angeschwärmt", und – das war wohl der Gipfelpunkt backfischhafter Unreife – die Zündhölzer im Kohlenkasten, die „Er" weggeworfen hatte, bekamen bei uns „Marktwert"!

1911...

...erschien am 11. April die Schulordnung für die höheren Mädchenschulen in Bayern, während Sachsen und Württemberg bereits 1876, Baden 1877 und Preußen immerhin 1908 gesetzliche Regelungen für das höhere Mädchenschulwesen erlassen hatten.

Wilhelmine Gölz schreibt a.a.O. über die bayerische, für Zweibrücken gültige Ordnung:

"Darnach besteht die Höhere Mädchenschule – der bisherige Name Töchterschule wurde aufgegeben – aus sechs Klassen, die sich an die 4. Klasse der Volksschule anschließen; die Lehrfächer entsprechen denen des Preußischen Lehrplans mit der Abweichung, daß Englisch wahlfrei bleibt; der 5. und 6. Klasse kann eine zweiklassige Realabteilung angegliedert werden, die die Mädchen auf eine wirtschaftlich selbständige Berufsstellung im Leben vorbereiten soll. Im ganzen war durch die Reform eine der für die Erlangung des Einjährigfreiwilligen-Scheines der Knaben gleichwertige Bildung gesichert."

Ernst Zink ergänzt a.a.O.:

"Ihren (der Schulordnung) Bestimmungen paßte sich das bisherige Institut an, aber die umfangreichen Änderungen, die erhöhten Forderungen an die Lehrkräfte, der innere Ausbau der Schule machten solche Aufwendungen nötig, daß ihnen mit Privatmitteln nicht mehr genügt werden konnte."

Und so kam es, dass...

Abschlussklassen aus dem frühen 20. Jhdt.

1913...

...der Zweibrücker Stadtrat in seiner Sitzung vom 27. Juni beschloss, *die höhere Mädchenschule von L. Doflein und D. Hummel in städtische Verwaltung zu übernehmen, entsprechendes Personal anzustellen und die Schule den Forderungen der Neuzeit entsprechend auszugestalten."* (Zink, a.a.O.) Die beiden bisherigen Inhaberinnen wurden, so die Presse, *in einer ergreifenden Feier* von ihren Schülerinnen und dem Kollegium im Musiksaal der Schule verabschiedet.

„Infolge der Übernahme durch die Stadt wurde der unterzeichnete Berichterstatter – nämlich Ernst Zink - als Direktor angestellt. Das an der Schule wirkende Lehrpersonal, Fräulein Reuter, Müller und Sauer und Herr Dr. Hofmann, wurde in städtischen Dienst übernommen, ferner wurden Fräulein Gölz und Keller mit Beginn des Schuljahres als neue Lehrkräfte aufgestellt. Am 1. November 1913 trat an die Stelle von Herrn Pfarrer Rast Herr Kgl. Pfarrer Schunck als protestantischer Religionslehrer."
Statt eines Hausmeisters gab es damals eine *„Dienerin"*: Charlotte Krehe.

„Am 15. September 1913 war Aufnahmeprüfung für das Schuljahr 1913/14. Die Mehrzahl der Schülerinnen der 1. Klasse war schon am 19. Juli 1913 aufgenommen worden. Am 16. September wurden die Klassen gebildet und damit begann der regelmäßige Unterricht. – mit 220 Schülerinnen in 6 Klassen - *Die Weihnachtsferien dauerten vom 23. Dezember 1913 bis 7. Januar 1914, die Osterferien vom 3. bis 20. April. Das Schuljahr schloß am 14. Juli vormittags 10 Uhr mit einer kleinen Schulfeier..."*
„Das Schulgeld beträgt pro Jahr und Schülerin 90 Mk. in jeder Klasse. Es wird in 10 Monatsraten erhoben... Unbemittelte(n) Schülerinnen, deren Eltern in Zweibrücken wohnen, kann bei Bedürftigkeit und Würdigkeit das Schulgeld teilweise oder ganz erlassen werden. Darüber entscheidet der stadträtliche Schulausschuß nach Einvernehmen des Direktors.

Zweibrücken hatte 1913 knapp über 15000 Einwohner.

Direktor Ernst Zink

Schülerinnen 1913

1914...

...galten unter anderem folgende Bestimmungen aus den vom Stadtrat erlassenen und von der Königlichen Regierung genehmigten Satzungen:

"Das Pflichtstundenmaß der hauptamtlich angestellten Lehrkräfte beträgt 24 Wochenstunden...Zur Leistung von Diensthilfen für erkrankte oder sonst in der Versehung des Schuldienstes behinderte hauptamtlich angestellte Lehrkräfte ist das ständige Lehrpersonal verpflichtet...

In der 6. Klasse wurde damals unterrichtet:
Religion (2 Wochenstunden), Deutsche Sprache (4 Wochenstunden), Französische Sprache (4 Wochenstunden), Geschichte (2 Wochenstunden), Erdkunde (1 Wochenstunde), Rechnen und Raumlehre (3 Wochenstunden), Naturkunde (4 Wochenstunden), Zeichnen (2 Wochenstunden), Handarbeiten (2 Wochenstunden), Turnen (2 Wochenstunden), Gesang (1 Wochenstunde).
Als Wahlfächer wurden angeboten:
Englische Sprache (3 Wochenstunden), Stenographie (2 Wochenstunden), Chorgesang (1 Wochenstunde).
Damit kam eine Schülerin auf mindestens 27, höchstens 33 Wochenstunden.
Die Pflichtstundenzahl betrug für die 1. und 2.Klasse 29, für die 3. Klasse 30, ab der 4. Klasse 27.

Der erfolgreiche Abschluss der 6. Klasse ermöglichte den Mädchen eine berufliche Tätigkeit als Kanzlei- oder Büroassistentin bzw. die Weiterbildung im Lehrerinnen- und Kindergärtnerinnenseminar.

"Die disziplinäre Beaufsichtigung der Schülerinnen erstreckt sich nicht nur auf das Verhalten derselben in der Schule sondern auch auf ihre religiös-sittliche Führung außerhalb derselben."

Demzufolge wurde...

Fasching 1913

6. Klasse 1914

IM SELBEN JAHR...

...laut der Disziplinar-Ordnung

„*von jeder Schülerin...erwartet, daß sie Sinn für Ordnung, Anstand und Schicklichkeit besitzt. Diesen soll sie zu erkennen geben in ihrer Haltung, Kleidung und Sprechweise.*
Im Verkehr miteinander sollen die Schülerinnen freundlich, gefällig und verträglich sein, sich besonders von jeder Angeberei fernhalten, dem Lehrpersonal aber auf Befragen stets die volle und reine Wahrheit sagen.
Auch außerhalb der Schule erwartet man von den Schülerinnen Höflichkeit und Bescheidenheit und besonders älteren Personen gegenüber die gebührende Achtung.
Dem Direktor, den Lehrern und Lehrerinnen der Anstalt schuldet jede Schülerin in und außer der Schule Gehorsam. Auch den im Interesse der Ordnung gegebenen Anweisungen des Hausmeisters ist Folge zu leisten.
Da der Zweck des Anstaltsbesuches nur bei regelmäßigem ernstem Fleiße erreicht werden kann, so ist die schulfreie Zeit sorgfältig auszunützen und zum Studium und zur Erholung angemessen zu verwenden.
Das müßige Umherschlendern auf den Straßen und Plätzen der Stadt ist verboten. Ebenso darf keine Schülerin, außer in Begleitung ihrer Eltern oder deren Stellvertretern, über die vom Direktor festgesetzte Abendstunde hinaus sich außerhalb ihrer Wohnung aufhalten.
Wohnung und Kosthäuser sollen von den auswärtigen Schülerinnen nur mit Genehmigung des Direktors gewählt werden.
Zum Besuche von Theatervorstellungen, Konzerten und Vereinsaufführungen ist die Erlaubnis des Direktors erforderlich, desgleichen ist die Mitwirkung bei Theateraufführungen von der Genehmigung des Direktors abhängig."

1915...

...schreibt Dr. Friedrich Hofmann in Vertretung von Direktor Ernst Zink im Jahresbericht der Schule, der seit Kriegsausbruch auch eine Rubrik „Krieg und Schule. (Zensiert durch den Herrn Garnisonsältesten am 23. Juni 1915) enthält, unter anderem Folgendes:

Wenn auch naturgemäß die kriegerischen Ereignisse auf den äußeren Betrieb der städtischen höheren Mädchenschule Zweibrücken keinen so weitgehenden Einfluß ausüben konnten, als dieses bei Anstalten, deren Lehrer und Schüler teilweise im Felde stehen, der Fall ist, so stand doch auch unsere Anstalt im verflossenen Schuljahre 1914/15 im Zeichen des eisernen Ringens um Deutschlands Größe und Zukunft. Verging ja doch kein Tag, ja keine Unterrichtsstunde, in der nicht Beziehungen zwischen Krieg und Schule erörtert worden wären. Vor allem aber ließen es sich sämtliche Lehrkräfte angelegen sein, die erzieherischen Wirkungen des Krieges zu verwerten, immer wieder das Gefühl für Sparsamkeit, Opferfreudigkeit, Vaterlandsliebe in die empfänglichen Herzen der Kinder zu senken, immer wieder den Mädchen klar zu machen, daß Deutschlands Zukunft auf Deutschlands Frauen ruht.
Der Vorstand der Anstalt, Herr Direktor Ernst Zink, der als Oberleutnant der Reserve bereits am 15. Juli (1914) zu einer militärischen Übung eingerückt war, befand sich seit Kriegsausbruch als Führer einer Maschinengewehr-Abteilung in der Festung M..... Seinem innigen Wunsche gemäß rückte er mit seiner Maschinengewehr-Abteilung Anfang Mai (1915) in die vorderste Front nach W... (in der Woewreebene) ab. Lehrerkollegium und Schülerinnen der Anstalt wünschen ihrem verehrten Vorstand auch für den weiteren Verlauf des Krieges alles Gute und eine baldige, gesunde Wiederkehr."

IM SELBEN JAHR...

...wechselte Liesel Schorn von der Volksschule auf die Höhere Mädchenschule. In „Gestern und heute 1971" erinnert sie sich:

„Als unser Jahrgang nach vier Jahren Volksschule im Herbst 1915 in die 1. Klasse der Städtischen Höheren Mädchenschule in der Fruchtmarktstraße 22 eintrat, befanden wir uns mitten im Krieg. Unsere Jugend war nicht mehr so ganz unbeschwert. In vielen Familien, sowohl bei Schülerinnen als auch bei Lehrkräften, war schon ein Angehöriger verwundet, gefallen oder vermißt. Manche Lehrer wie auch Direktor Zink, der als Hauptmann im Felde stand, waren eingezogen. Fliegeralarm unterbrach unseren Unterricht. Wir wurden in den Keller geführt, der im Ernstfall wohl kaum einer Fliegerbombe standgehalten hätte. Wir feierten begeistert, wenn eine Siegesnachricht kam und wir schulfrei erhielten, und im Deutschunterricht lernten wir Gedichte vom Durchhalten und vom Hoffen auf Sieg und Frieden. Wir trugen Anstecknadeln mit den Farben schwarz-weiß-rot oder mit den Bildern von dem deutschen Kaiser Wilhelm II. und dem österreichischen Franz Josef, brüderlich vereint. Wir sammelten Granatsplitter als Andenken, schrieben Feldpostbriefe und machten Feldpostpäckchen..."

1916...

...berichtet Dr. Hofmann a.a.O.:

"Der schnöde Fliegerüberfall am 9. August 1915 auf Zweibrücken wurde Veranlassung, einer etwaigen Wiederkehr dieser Gefahr dadurch vorzubeugen, dass der große, durch dicke Wölbungen geschützte Keller der Anstalt neu geweißt und mit elektrischem Licht versehen wurde. Eine im Oktober 1915 ohne Vorwissen der Kinder unternommene Fliegeralarmprobe zeigte, daß sämtliche Anwesende (Das Institut besuchten in diesem Jahr 232 Schülerinnen) *in 2 – 3 Minuten im Keller sind."*

Die Stadt Zweibrücken blieb im Verlauf des Krieges von Zerstörungen weitgehend verschont, die guten Wünsche Dr. Hofmanns für seinen Direktor Ernst Zink gingen allerdings leider nicht in Erfüllung.

Schülerinnen 1917

1918...

...muss er im Jahresbericht unter der Überschrift „Zur Geschichte" schreiben:

„In tiefer Trauer steht die Städt. Höhere Mädchenschule an der Bahre ihres im Kampfe gefallenen Vorstandes, des Direktors Herrn Ernst Zink. Im besten Mannesalter von 38 Jahren wurde er durch ein grausames Geschick seinem Beruf und seiner Familie entrissen, nachdem er 44 Monate lang allen körperlichen Mühsalen und seelischen Erschütterungen des Krieges getrotzt hatte..."

Ernst Zink fiel am 23. März 1918 und wurde auf einem Soldatenfriedhof bei Vaulx beerdigt.

Aber auch von weniger Traurigem ist in diesem Jahresbericht die Rede:

„Auch heuer wieder kann, trotz des Krieges, erfreulicherweise ein weiterer Ausbau der Anstalt festgestellt werden. In die 1. Klasse waren 56 Kinder (im Vorjahre 58) aufgenommen worden. Der Gesamtbesuch der Anstalt betrug am Schlusse des heutigen Schuljahres 261 Schülerinnen gegenüber 249 des Schuljahres 1916/17. Hievon waren 50 Kinder (= 19 Prozent) auswärts wohnhaft."

Dr. Friedrich Hofmann

Schülerinnen aus dieser Zeit

1919...

...veröffentlichte das Ministerium den so genannten „Koedukationserlass", nach dem Gymnasium und Realschule ab sofort auch Mädchen offenstehen sollten.

Dr. Friedrich Hofmann, der am 25. Juli 1919 zum Nachfolger des im Krieg gefallenen Ernst Zink bestimmt wurde, kommentiert das im Jahresbericht von 1920 folgendermaßen:

„Die Ministerial-Entschließung vom 24. Mai 1919, nach der Mädchen Aufnahme in die höheren Knabenschulen finden können und von der ich für die Zukunft eine wesentliche Schädigung der höheren Mädchenschulen nummerisch und vor allem qualitativ befürchte, machte sich im abgelaufenen Schuljahr noch wenig bemerkbar."

Im Gegenteil. Die Schülerinnen-Zahl stieg und damit entstand ein Problem, das zum „Dauerbrenner" in der Geschichte des Hofenfels-Gymnasiums und seiner Vorgängerschulen werden sollte: die Raumnot.

„Schwere Sorge bereitet der Stadtverwaltung wie dem unterfertigten Rektorat die Raumfrage. Die höhere Mädchenschule hat gegenwärtig eine Besuchsziffer erreicht, angesichts der die Schulräume als gänzlich unzureichend bezeichnet werden müssen. Ein Physiksaal, Zeichensaal und Handarbeitssaal steht nicht zur Verfügung..."

1921...

...begann das Schuljahr zum ersten Mal nach den Osterferien im April und nicht mehr im September nach den Sommerferien.

Um die Umstellung, die bis in die 60er Jahre des 20. Jahrhunderts Bestand haben sollte, bewerkstelligen zu können, führte man das Schuljahr 1920/21 als Kurzschuljahr von September bis April.

Wandertag 1923

1922...

...verschickte das Staatsministerium folgendes Rundschreiben an alle Schulen im bayerischen Verwaltungsbereich:

„Betreff: Mißstände beim Baden: Als eine Folge des Krieges ist in den letzten Jahren eine derartige Verwilderung der Badesitten zu Tage getreten, daß mancherorts daraus eine Bedrohung der öffentlichen Sittlichkeit erwachsen ist. Namentlich für die heranreifende Jugend bedeutet das ungebundene Badeleben, wie es sich in den letzten Sommern herausgebildet hat, eine ernste sittliche Gefahr. Um die Jugend nach Möglichkeit vor dieser Gefahr zu schützen, ergehen die folgenden Weisungen:
1. Das Nacktbaden sowie das Baden in einer den Anforderungen der Sittlichkeit nicht entsprechenden Bekleidung ist den Schülern und Schülerinnen strengstens zu untersagen. Den Schülern ist beim Baden die Benützung einer richtigen Badehose, nicht nur eines sogenannten Dreikantes, den Schülerinnen die Benützung eines vollen Badeanzugs zur Pflicht zu machen.
2. Soweit geschlossene Badeanstalten in ausreichender Zahl zur Verfügung stehen, ist den Schülern und Schülerinnen auch das Freibaden zu verbieten. Falls ein Verbot des Freibadens wegen Mangel an geschlossenen Badeanstalten nicht als durchführbar erscheint, ist den Schülern und Schülerinnen jedenfalls zur Pflicht zu machen, das Baden an öffentlichen, allgemein zugänglichen Plätzen, das gemeinsame Baden mit Personen des anderen Geschlechts, sowie das Baden zusammen mit größeren Menschenmengen zu unterlassen.
3. An Orten, an denen andere geschlossene Badeanstalten in genügender Zahl vorhanden sind, kann den Schülern und Schülerinnen auch der Besuch der sogenannten Familienbäder ganz oder ohne Begleitung erwachsener Familienangehöriger untersagt werden. Für Familienbäder, deren Betrieb in sittlicher Beziehung zu Bedenken Anlaß gibt, ist ein Besuchsverbot zu erlassen. Hiernach ist das Weitere zu veranlassen.

1923...

...reagierte die höhere Mädchenschule auf den Koedukationserlass von 1919 durch die zusätzliche Einrichtung so genannter „R-Klassen" in den beiden letzten Klassenstufen 5 und 6. Damit und mit der Einführung einer zweiten Pflichtfremdsprache sowie einer Abschlussprüfung nach der 6. Klasse erwarb sich die höhere Mädchenschule 1924 das Recht, sich fortan „Städtisches Mädchenlyzeum" zu nennen. Die Absolventinnen der R-Klassen konnten nun im Anschluss ein Gymnasium bzw. die Oberrealschule besuchen und dort nach drei Jahren die Reifeprüfung ablegen.

Gertrud Stucky-Thalbauer war eine der ersten, die diesen Weg einschlug:

„Nach der 4. Klasse waren wir anders eingeteilt worden, d.h. man konnte sich selbst entscheiden, in welche Abteilung man wollte. Vorher gab es 2 Abteilungen a und b, jetzt wurde die Realabteilung angegliedert...Der Lehrstoff zwischen a und R war jetzt verschieden. In der Realabteilung wurde mehr Mathematik, Chemie und Physik unterrichtet, so daß man nach der 6. Klasse ohne Aufnahmeprüfung in die 7. Klasse der Oberrealschule überwechseln konnte. Es machten aber nur 2 Schülerinnen unserer Klasse davon Gebrauch...
Ich denke heute noch oft an unseren Mathematiklehrer, Herrn Studienrat Krampf. Er war vorher an einer höheren Knabenschule in Würzburg gewesen und kam dann zu uns nach Zweibrücken. Die Buben haben ein besseres Gefühl für Mathematik, und er konnte vielleicht auch anfangs mit Mädchen noch nicht richtig umgehen. Eines Tages hatte er sich lange mit dem Erklären geplagt, und noch keiner von uns war die Erleuchtung gekommen. Da entrang sich ihm der Seufzer: „Lieber scheintot in einem Massengrab, als Mathematiklehrer an einer Mädchenschule!"
Zu Ende des letzten Schuljahres – März 1924 – machten wir unsere Abschlußprüfung...Unser letztes Zeugnis ist datiert vom 9. April. Das war das erste Mal, daß man nach 6 Klassen eine richtige Prüfung machen mußte."

1924...

...lesen wir im „Jahresbericht des Städtischen Mädchenlyzeums" unter „Vorbemerkungen"...

...über das *„Verhalten der Schülerinnen.*

Wenn Schülerinnen ohne Begleitung erwachsener Angehöriger Theatervorstellungen, Konzerte, öffentliche Vorführungen und öffentliche Vorträge besuchen wollen, haben sie dieses vorher dem Anstaltsvorstande anzuzeigen; dieser ist befugt den Besuch zu untersagen.
Den Schülerinnen an Mädchenlyzeen wird die Teilnahme an öffentlichen oder geschlossenen Tanzunterhaltungen wie auch deren Besuch verboten. Vereins-, Gesellschafts-, und Hochzeitstanzunterhaltungen sind in dem Verbot inbegriffen. Die Abhaltung von Schülertanzkursen ist unstatthaft.

...über „Privatunterricht.

Aus Rücksicht auf die Gesundheit der Mädchen ist es wünschenswert, daß Privatunterricht soviel als Möglichkeit beschränkt werde. Während des Schuljahrs ist Nachhilfeunterricht nur nach Rücksprache mit dem Direktor zulässig."

1925...

...greift Dr. Hofmann im Jahresbericht das Thema Raumnot wieder auf:

„Das städtische Mädchenlyzeum Zweibrücken hat gegenwärtig eine Besuchsziffer erreicht, angesichts der die zur Verfügung stehenden Gebäulichkeiten und Säle als durchaus unzureichend, unwürdig und jeder Vorschrift der Schulgesundheitslehre Hohn sprechend bezeichnet werden müssen. Es muß dankbar anerkannt werden, was Stadtverwaltung und Stadtrat Zweibrücken im Laufe der letzten Jahre für den Ausbau unserer Anstalt getan hat. Andererseits aber ist die alsbaldige Lösung der Raumfrage eine dringende Notwendigkeit, da die Zustände in dem alten, aus einem Wohnhause allmählich in ein Schulgebäude umgebauten Hause geradezu unhaltbar sind. Regierung, Respizienten, Bezirksarzt und Schularzt verlangen seit Jahren, daß die Stadt Mittel und Wege finden solle, diesem Übelstande abzuhelfen."

Folgende Zahlen belegen die Notwendigkeit:

„In die 1. Klasse waren 72 Schülerinnen (im Vorjahr 66) aufgenommen worden. Der Gesamtbesuch der Anstalt betrug am Schluß des heurigen Schuljahres 302 Schülerinnen gegenüber 181 im Jahre 1923/24 (und 209 im Jahre 1914). Hievon waren 71 (= 24%, im Vorjahre 25%) auswärts wohnhaft."

Was die Länge einer Unterrichtsstunde angeht, so gab es eine Neuerung:

„Die in der Lehrerratssitzung vom 16. April 1923 eingehend beratene und einstimmig angenommene, durch Regierungsentschließung Nr. d 990 vom 20. Juli genehmigte Durchführung von Kurzstunden zu 45 Minuten hat sich trotz mancher Nachteile bewährt, weil sie großen Wert für unsere zahlreichen auswärtigen Schülerinnen hat."

IM SELBEN JAHR...

...lauteten die Themen für die Abschlussprüfung in:

„Mathematik.
1. Graphische Darstellung der Gleichung $4x^2 - 12 = 8x$ (eine Art genügt)
2. Ein Kapitalist gab zu einem Großunternehmen 60000 Mk. gegen bestimmten Zinsfuß. Am Ende des ersten Jahres ließ er sich 30000 Mk. auszahlen. Das um den Zins vergrößerte Kapital ließ er ein zweites Jahr zum gleichen Zinsfuß ausstehen. Am Ende des zweiten Jahres betrug sein Guthaben 64236 Mk. Zu welchem Zinsfuß hat er sein Kapital angelegt?
3. Einem Würfel von 1 dm Seitenlänge wird eine Kugel einbeschrieben und dieser ein Kegel, dessen Basisebene den Abstand 3 cm vom Kugelmittelpunkt aufweist.
a) Welches ist das Volumen der drei Körper?
b) Wie groß ist die Oberfläche des Kegels?

Deutsch.
a) Blick unter dich, wenn du dein Schicksal prüfst,
Dann siehst du schlimmeres Leid und wirst zufrieden;
Doch aufwärts schau', wenn du dein Schaffen wägst,
Die bess're Tat macht strebsam dich hinieden!
b) Weise an Beispielen aus dem Leben und aus der Geschichte nach, dass auch die Frau Opfermut und Heldentum zeigen kann!
c) Der Nutzen des Meeres

Geschichte.
1. Die Einigung Deutschlands.
a) Der Zusammenbruch des Heiligen Römischen Reiches deutscher Nation (ohne die kriegerischen Ereignisse). b) Welche Versuche bahnten die Wiederaufrichtung des Deutschen Reiches an? c) Auf welchen Stufen vollzog sich die Einigung Deutschlands wirklich?
2. Die Entwicklung der sozialen Frage in Deutschland
a) Umschwung der wirtschaftlichen Verhältnisse; b) Umschichtung der Gesellschaft; c) Lage des vierten Standes, sein Klassenbewußtsein, seine Organisationen. d) Der Sozialismus. e) Die soziale Reform.

UND WEITER...

...*Religion.*
a) protestantische Religionslehre.
Wie ist vom christlichen Standpunkt aus der Sonntag zu beurteilen?
b) katholische Religionslehre.
Was versteht man unter der Unfehlbarkeit des kirchlichen Lehramtes? Was unter der Unfehlbarkeit des Papstes? Woraus ergibt sich die lehramtliche Unfehlbarkeit des Papstes?
c) Israelitische Religionslehre
Die zweite Glaubenslehre.

Chemie.
6. Klasse a.
Welches Nahrungsmittel kann für sich allein Ernährung und Wachstum des Menschen gewährleisten?
a) Eigenschaften b) Nährstoffe c) Verwertung im Körper bei der Verdauung
6. Klasse R.
Welche kohlenstoffhaltigen Gase sind für den Menschen gefährlich? Wann ist dies der Fall und wie erklärt sich ihre Wirkung? Wie sucht sich der Mensch gegen sie zu schützen?
Kurze abschließende Gegenüberstellung der beiden Gase.

Physik.
6. Klasse a. Lichtbrechung.
a) Was tritt ein, wenn ein Lichtstrahl, der unter dem Winkel a = 40° auf die Trennungsfläche Wasser – Luft auftrifft, in die Luft austritt? (n = ¾). b) Zeichne den Strahlengang! c) Was versteht man unter Grenzwinkel? d) Was versteht man unter Totalreflexion?
6. Klasse R. Das Spektrum.
a) Wie entsteht es? b) Wie ist die Entstehung zu erklären? c) Welche Arten gibt es? d) Was sind Frauenhofersche Linien und durch welches Gesetz werden sie erklärt?"

Schriftlich wurden die Schülerinnen außerdem auch in *Kurzschrift* sowie in den Fremdsprachen *Englisch* und *Französisch* (jeweils ein Diktat mit anschließender Übersetzung eines etwa 20-zeiligen Textes aus dem Deutschen) geprüft.

1926...

„*...entschlief am 16. Dezember die frühere Leiterin und Inhaberin unserer Anstalt, Fräulein Luise Doflein. Unzähligen früheren Schülerinnen war sie eine tüchtige, gütige Lehrerin gewesen, und in den Herzen aller, die sie kannten, hat sie sich ein bleibendes Andenken gesichert.*" (Dr. Hofmann a.a.O.)

„*Zur Geschichte*" schreibt Dr. Hofmann:

2. Besuchsziffer.
In der 1. Klasse waren 64 Schülerinnen (im Vorjahr 72) aufgenommen worden. Der Gesamtbesuch der Anstalt betrug am Schluß des heurigen Schuljahres 278 Schülerinnen gegenüber 302 im Jahre 1924/25 (und 209 im Jahre 1914). Hievon waren 52 (= 19%, im Vorjahre 24%; die Schülerinnen von Ernstweiler und Bubenhausen zählen seit 1. Januar 1926 als Hiesige mit!) auswärts wohnhaft.

Am 12. Mai fiel der Unterricht anlässlich der Eidesleistung des Reichspräsidenten Hindenburg aus."

1927...

...ist im Jahresbericht wieder die Raumnot Thema:

"Die in den letzten Jahresberichten stets beklagte Raumnot am Städt. Mädchenlyzeum hat sich im Verlauf des Schuljahres noch mehr als früher bemerkbar gemacht. Da die Schulsäle zur Unterbringung der Schülerinnen nicht mehr ausreichten, mußte eine Klasse (3b) in die Ludwigschule verlegt werden."

Unter „Elternhaus und Schule" informiert Dr. Hofmann über eine weitere Neuerung:

"Eine gemäß Min.-Entsch. Nr. VIII 11968 vom 6. April 1926 einberufene Elternversammlung beschloß die Bildung eines Elternbeirates und wählte folgende Damen und Herren: Frau Architekt Gatzert, Frau Kunsthändler Deutsch, Herrn Stadtpfarrer Hoffmann, Herrn Gefängnisoberlehrer Meyer, Herrn Schlossermeister Rasp als Mitglieder, Frau Justizrat Kahn, Frau Ingenieur Friemel, Frau Bergrat Funck als Ersatzmitglieder. Durch rege Mitarbeit am Gedeihen und am weiteren Ausbau der Anstalt hat sich der Elternbeirat den wärmsten Dank der Schulleitung verdient."

Niemand konnte damals ahnen, dass dieser, mit „Zweibrükken, den 7. April 1927" datierte Jahresbericht der letzte sein sollte, der in der Verantwortung von Dr. Friedrich Hofmann erschien.
Am 25. Mai 1927 verstarb der Direktor des Städtischen Mädchenlyzeums nach kurzer Krankheit.

"Mit seinem Verständnis, bewundernswerter Tatkraft und vorbildlicher Pflichttreue verfolgte er die neuzeitlichen Bestrebungen auf dem Gebiete der Mädchenbildung und suchte dieselben trotz der schwierigen Nachkriegszeit – den hiesigen Verhältnissen entsprechend – beim Ausbau der Schule zu verwirklichen. Die Erfüllung seines Lieblingswunsches, einen Neubau für das Lyzeum errichtet zu sehen, sollte ihm nicht mehr beschieden sein..." (Nachruf im Jahresbericht 1927/28)

1928...

... trat Hans Kennerknecht, als der „durch Stadtratsbeschluß vom 11. November 1927 gewählte neue Leiter der Schule" am 1. Januar sein Amt an.

„Die Führung der Direktoratsgeschäfte im Laufe der Zwischenzeit war Herrn Studienrat Lugenbiel übertragen, der die Anstalt dem Berichterstatter in bester Verfassung übergab."

Seinen Vorgänger würdigt Hans Kennerknecht noch einmal im Jahresbericht 1927/28:

Schon am 25. Mai 1927 entschlief im besten Mannesalter von 42 Jahren der allverehrte Leiter der Anstalt, Herr Studiendirektor Dr. Friedrich Hofmann. Allen, die ihn kannten, liebten und verehrten, wird Herr Dr. Hofmann als pflichteifriger und als wohlwollender Vorstand stets in Erinnerung bleiben. Die überaus zahlreiche Beteiligung von Bekannten, Freunden und früheren Schülerinnen des Verblichenen an seinem Begräbnisse zeigte, welche Fülle von Hochachtung, Liebe und Verehrung Herr Direktor Hofmann sich erworben hatte. Eine Trauerfeier in der Turnhalle der Anstalt am 27. Mai, in deren Mittelpunkt eine Ansprache von Studienrat Frl. Gölz stand, war der beredte Ausdruck des großen Schmerzes, von dem alle erfüllt waren."

Hans Kennerknecht leitete die Schule, die sich auf dem Titelblatt der Jahresberichte nun „Städtisches Mädchenlyzeum mit realer Progymnasial-Abteilung" nennt, bis zum Jahre 1944.

1929...

...greift Studiendirektor Kennerknecht im 16. Jahresbericht seinerseits das Thema „Raumnot" auf:

„*Die in den letzten Jahresberichten stets beklagte Raumnot am Städt. Mädchenlyzeum hat sich auch im Verlauf des Schuljahres 1928/29 noch nicht behoben. Da die Schulsäle zur Unterbringung der Schülerinnen nicht mehr ausreichten, mußte eine Klasse (2a) in die Ludwigschule verlegt werden. Für diese liebenswürdig gewährte Gastfreundschaft gestatte ich mir, der Leitung der Volkshauptschule den wärmsten Dank auszusprechen. Wir hoffen immer noch, daß in absehbarer Zeit in den Raumverhältnissen unserer Anstalt eine durchgreifende Veränderung und Besserung eintritt.*"

In diesem Schuljahr besuchten 243 Schülerinnen das Lyzeum.

Wandertag 1929

1930...

...kann der Direktor endlich einen Erfolg in dem schon von seinem Vorgänger so hartnäckig geführten Kampf vermelden:

„Die Raumnot am Städt. Mädchenlyzeum wird nun bald behoben sein. Dem tatkräftigen Bemühen des Bürgermeisteramts und der Zustimmung des Stadtrats ist es zu verdanken, daß der Neubau der Schule bereits in Angriff genommen ist...Wie notwendig der Neubau für die Schule ist, zeigte der Brand, der am Morgen des 12. Oktober in der Holzbaracke (Physik- und Chemiesaal, Handarbeits- und Zeichensaal) ausbrach. Durch rasches Eingreifen der Alarm-Feuerwehr wurde die Ausbreitung des Feuers verhütet."

Das neue Schulgebäude nahm konkrete Gestalt an:

„Die in den letzten Jahresberichten stets beklagte Raumnot hat in diesem Schuljahr zum letzten Mal geherrscht. Ende Sommer 1930 feierten wir das Richtfest unseres neuen Schulgebäudes, das nun im Sommer des lfd. Jahres bezogen werden wird. Das „Eugen-Wilhelm-Haus" in der Fruchtmarktstraße beherbergte viele Jahrzehnte die Schule, die vielen Mädchen Zweibrückens eine höhere Bildung vermittelte. Durch die in den letzten Jahren erfolgte Neuordnung des bayerischen Mädchenschulwesens wurde die Schule mit Aufgaben betraut, die in diesem Gebäude nicht mehr zu lösen waren. So wird es im kommenden Schuljahr endlich möglich sein, physikalische und chemische Schülerübungen abzuhalten.
Da der Handarbeitssaal in der Holzbaracke die Gesundheit der Schülerinnen bedrohte, mußte er auf Weisung des Ministeriums geräumt werden. In einem Saal des früheren Katholischen Schulhauses in der Landauer Straße fanden wir Ersatz."

Schulhof des Städtischen Mädchenlyzeums hinter dem „Eugen-Wilhelm-Haus" in der Fruchtmarktstraße

1929

1931...

...war es dann so weit: Am 16. Juli schreibt der „Pfälzische Merkur":

„Für das Mädchenlyzeum der Stadt Zweibrücken war der gestrige Schlußtag vor Beginn der Sommerferien von besonderer Bedeutung: es galt Abschied zu nehmen vom bisherigen alten Heim der Anstalt in der Fruchtmarktstraße und zugleich Besitz zu ergreifen vom neuen Bau am Himmelsberg. Vormittags 8 Uhr versammelten sich die Lehrer und Schülerinnen nochmals im Hof der bisherigen Unterkunft. Unter dem breiten Blätterdach der alten Linde im Schulhof erklang das Volkslied „Am Brunnen vor dem Tore", dann verliehen zwei Schülerinnen der Abschiedsstimmung auch in poetischer Weise Ausdruck. Studiendirektor Kennerknecht knüpfte in einer letzten Ansprache an die Stimmung des Liedes vom rauschenden Lindenbaum an, gab den Empfindungen beim Auszug aus den erinnerungsreichen Räumen beredten Ausdruck und widmete nach einem Rückblick auf die Anstaltsentwicklung den verwaisten Gebäuden herzliche Abschiedsgrüße.
Im Turnsaal des Neubaues folgte um ½ 10 Uhr die Einweihungsfeier. Hier hatten sich Vertreter der Kreisregierung und sonstiger Behörden, ferner die Lehrerschaft, die Schülerinnen und Eltern eingefunden. Unter Leitung von Konzertmeister Büttner erklang einleitend Wagners festlicher Chor: „Wach auf! Es nahet gen den Tag." Fünf Schülerinnen sprachen sodann den sinnigen Weihespruch von Weizel, der die Bedeutung der Schule als Stätte der Wissenschaft, der Kunst, der ernsten Stunden und des Frohsinns wirkungsvoll würdigte und zum Bundeslied von Mozart hinüberleitete.
Anschließend folgten nahezu 1½ Stunden in Anspruch nehmende Ansprachen..."

241 Schülerinnen besuchten nach den Sommerferien den Unterricht in den neuen Räumen, zum *„Lehrkörper",* wie es in den Jahresberichten heißt, gehörten 13 Lehrkräfte *„im Hauptamt"* und 12 *„im Nebenamt",* als *„Schularzt"* ist Dr. Johannes May genannt, als *„Hausmeisterin"* Maria Ruf.

Das neue Schulgebäude am Himmelsberg

Schulhof am Himmelsberg

1933...

...spiegeln sich im 20. Jahresbericht zum ersten Mal die veränderten politischen Verhältnisse in Deutschland nach der Ernennung Adolf Hitlers zum Reichskanzler am 30. Januar 1933 wider. „Zur Geschichte" liest man da:

„*4. Schulfeierlichkeiten*
...Eine vaterländische Feier vereinigte uns am 21. März 1933, um, wie alle Schulen in unserem Vaterlande, den Tag der nationalen Erhebung unseres Volkes festlich zu begehen. Die Feier bestand aus einem Gedichtvortrag, einer Ansprache des Direktors und dem Singen von „Ich hab mich ergeben" und dem Deutschlandlied. Frl. Gölz (gemeint ist Luise Gölz, Studienrätin für Deutsch, Englisch und Erdkunde) *schmückte die Bühne mit den Bildern des Reichspräsidenten von Hindenburg und des Reichskanzlers Adolf Hitler...Rednerpult und Bühne zeigten die Farben „schwarz-weiß-rot" mit dem Hakenkreuz. Am Abend des 21. März marschierten alle Schülerinnen und Lehrkräfte mit dem Fackelzug, den die vaterländischen Verbände der Stadt Zweibrücken veranstalteten...*"

Gemeinsam besuchte „*Vorträge und Belehrungen*" dienten der Verbreitung und Verfestigung nationalsozialistischer Gedanken:

„*Herr Georg Ammon von der bayerischen Landesfilmbühne zeigte uns am 20. Juni 1933 den Film über das Leben und Treiben unserer Reichswehr. Am 28. Juni 1933 wurde in allen Klassen des Tages gedacht, an dem das schmachvolle Versailler Diktat unterzeichnet wurde. In den Tagen 6. bis 8. Juli 1933 besuchten alle Klassen die Ausstellung „Aufbruch der Nation" in der Fruchthalle...Die Schule besuchte geschlossen den Tonfilm „Hitlerjunge Quex" am 23. Oktober 1933, den Tonfilm „Der Sieg des Glaubens" (Der Reichsparteitag in Nürnberg 1933)...*"

Das Lehrerkollegium 1934, vorn in der Mitte
Hans Kennerknecht

Lehrerausflug 1935

1934...

...zeigt die Themenstellung für die Prüfungsarbeiten in einigen Fächern, wie schnell nationalsozialistische Ideologie und Diktion in den Schulalltag eindringen.

Unter *„Katholische Religionslehre"* findet sich zum Beispiel folgende Aufgabe:

„Das Heldentum Jesu. Wie zeigt sich dieses besonders in seinem Opfertode? Welchen Gewinn hat dieser uns gebracht?"

Der Opfer-Begriff tauchte bei den Aufsatzthemen im Fach Deutsch gleich wieder auf:

„1 Wer sein Volk liebt, beweist es einzig durch die Opfer, die er für dieses zu bringen bereit ist. (Hitler)
2. Deutsch die Saar immerdar!
3. Der Rundfunk, ein Band der Volksgemeinschaft."

In Geschichte wurden unter anderem diese Aufgaben gestellt:

„I. *Das parlamentarische System in Deutschland und seine Taten (1919-1933).*
II. *Die nationalsozialistische Bewegung: Entstehung, Grundgedanken, Zusammenbruch am 9. November 1923, Neuaufbau, Vormarsch und Endkampf; Aufbruch der Nation ins Dritte Reich."*

Es ist davon auszugehen, dass man unter I. eine negative Bewertung, unter II. eine positive Sicht erwartete.

1936...

...lesen wir im Jahresbericht unter „Schulfeierlichkeiten":

„...Da am 22. Dezember 1935 von unseren 200 arischen Schülerinnen 196 der HJ angehörten, wurde uns vom Obergau 25 des BDM die HJ-Fahne verliehen. Die feierliche 1. Hissung erfolgte zu Schulbeginn am 8. Januar 1936 unter Beisein der Führerin des Untergaues 22, Eugenie Fertl, und des Oberbürgermeisters des Stadtkreises Zweibrücken, Herrn Dr. Collofong. Der 30. Januar 1936, Gründungstag des Dritten Reiches, fand uns zu einer würdigen Feierstunde versammelt. Wir hörten einen Militärmarsch von Schubert, das Gedicht „Dem Führer" von Heinrich Anacker und einige Lieder, gesungen von den Klassen 1 – 3. Herr Studiendirektor Kennerknecht würdigte in seiner Ansprache die innen- und außenpolitischen Erfolge unserer Reichsregierung seit dem 30. Januar 1933..."

„Die monatlichen Wandertage der nicht der HJ angehörenden Schülerinnen wurden regelmäßig bis Weihnachten 1935 durchgeführt und führten stets in die nähere Umgebung Zweibrückens. Ab Weihnachten erübrigten sie sich, da nur noch 3 Schülerinnen der HJ nicht angehörten."

Für das Schuljahr 1935/36 führt der Jahresbericht unter „Lehrkörper im Nebenamt" zum letzten Mal den Religionslehrer Lazarus Bernstein für „israelitische Religionslehre" auf. Er hatte dieses Amt 1930 von Max Bachenheimer übernommen, der es seinerseits seit 1913 inne gehabt hatte.

„Das Fach „Israelitische Religionslehre" wurde vom Schuljahr 1936/37 an nicht mehr unterrichtet.

Das Ausscheiden Lazarus Bernsteins wird von Hans Kennerknecht weder in diesem, noch im nächsten Jahresbericht erwähnt; andere Kollegen, die die Schule verließen, wurden stets mit anerkennenden Worten gewürdigt.

1937...

...vermeldet der Schulleiter, wohl mit einigem Stolz:

„*Eine besondere Freude wurde zwei Schülerinnen der 3. Klasse* (der Jahresbericht 1936/37 nennt die Namen) *zuteil. Mit zwei Aufsätzen, die die nationalsozialistische Geisteshaltung zeigen, wie sie an der Schule gepflegt und geübt wird, bereiteten sie dem Führer eine Freude. Er ließ ihnen dafür in je einem Schreiben aus seiner Privatkanzlei seinen herzlichsten Dank aussprechen.*"

Am Ende dieses Schuljahres besuchten 204 Schülerinnen das Städtische Mädchenlyzeum, wovon 146 dem protestantischen, 52 dem katholischen, 3 dem israelitischen und weitere 3 einem christlich-freikirchlichen Bekenntnis angehörten.

Prozentual war diese Verteilung der Konfessions- und Religionszugehörigkeiten seit Gründung des Lyzeums in etwa konstant geblieben.

Abschlussklasse 1938

1938...

...fand „...im Januar eine Versammlung der Elternder Schülerinnen der 5. und 6. Klasse statt und anschließend eine Besprechung der Schulgemeinde unter sich und später mit dem Herrn Oberbürgermeister des Stadtkreises Zweibrücken." Dabei geht es um „...Fragen der Schulreform und des Ausbaus unserer Schule zu einer Mädchenoberschule (Vollanstalt)..."
(Kennerknecht a.a. O. 1938)

Das Ergebnis der Besprechung teilt Direktor Kennerknecht im Jahresbericht 1938/39 mit:

„1. Art der Schule.
Das Städtische Mädchenlyzeum (Mädchenoberschule i.E.) ist eine höhere Lehranstalt. Die Schule war bis zum Schuljahr 1937/38 ein Mädchenlyzeum. Mit Beginn dieses Schuljahres befindet sie sich in der Entwicklung zu einer Mädchenoberschule. Die 1. und 6. Klasse wurden in diesem Schuljahr bereits nach dem Erlaß des Reichs- und Preuß. Ministeriums für Wissenschaft, Erziehung und Volksbildung vom 29. Januar 1938 als Klassen der Mädchenoberschule geführt, während die übrigen Klassen nach dem Lehrplan des Lyzeums unterrichtet wurden. Für die 6. Kl. wurde die hauswirtschaftliche Form gewählt."

Wilhelmine Gölz kommentiert die Entscheidung in der Festschrift von 1961:

„Wie überall mußte auch das Zweibrücker Lyzeum die Schulreform des Nationalsozialismus...durchführen. Man wählte leider nicht die sprachliche Oberstufe (6. – 8. Kl.), sondern entschied sich für den hauswirtschaftlichen Zweig."

Vom 15. November 1938 an durften jüdische Kinder und Jugendliche keine öffentliche Schule mehr besuchen.

In der Liste der 3. Klasse steht hinter dem Namen der letzten jüdischen Schülerin des Lyzeums, Hella Dreifus, die Anmerkung: „am 9. Juli 1938 ausgetr."

IM SELBEN JAHR...

...erwähnt Hans Kennerknecht (a.a.O.) lobend eine Initiative der Klasse 1b:

„*Im Oktober 1938 folgte die 1. Klasse einer Anregung ihrer Deutschlehrerin und beglückwünschte mit selbstgemalten Karten ihre Altersgenossinnen zu Neu-Titschein an der Ostgrenze des Sudetenlandes zur Heimkehr ins Reich. Daraus entwickelte sich ein für beide Teile beglückender Briefwechsel, der unsern Kindern nicht nur Einblick gewährte in Not und Leid unserer sudetendeutschen Brüder zur Zeit des Tschechenterrors, sondern sie auch teilhaben ließ an der tiefinnerlichen Freude der Erlösten und ihrer grenzenlosen Dankbarkeit gegen den Führer und Befreier.*"

Hitler begegneten die Schülerinnen an einem Wandertag:

„*Nur am 14. Juni 1938 wanderten wir in die nähere Umgebung Zweibrückens...Nach den Ferien mußten wir auf die Wanderungen verzichten, da der starke Kraftwagenverkehr unserer ganzen Umgebung dies ratsam erscheinen läßt. Entschädigt wurden aber unsere Schülerinnen dadurch, daß es an einem Herbsttage in der Frühe hieß, der Führer besichtige heute die Westwallarbeiten. Nun ließen sich unsere Mädchen in der Schule nicht mehr halten. Sie stürzten aus dem Schulhause und eilten unserm Führer entgegen. Inmitten der Baustellen konnten sie handgreiflich nahe den Führer jubelnd begrüßen.*"

Dass man sich auf einen Krieg vorbereitete, beweist auch Kennerknechts Eintrag unter „*Vorträge, Belehrungen, Besuch von Ausstellungen.*":

„*In der letzten Woche des Schuljahres wurde die 5. Klasse durch die Ortsgruppe Zweibrücken des Reichsluftschutzbundes im Luftschutz unterrichtet.*"

1939...

...dauerte das Schuljahr nur von Ostern bis zu den Sommerferien. Erst 1941 schreibt Hans Kennerknecht dazu:

"Als nach diesen Ferien der Unterricht wieder beginnen sollte, befand sich unser Vaterland im Kriege und die Stadt Zweibrücken war von der Bevölkerung verlassen worden. Unsere Schülerinnen besuchten die Mädchenschulen in den Bergungsgebieten, die Lehrkräfte waren zum Teil beim Heere oder vertraten an anderen Schulen Kameraden, die eingerückt waren."

Ilse Christmann, geb. Pick, damals Schülerin der 5. Klasse, erinnert sich in der "Jahrhundertchronik" an diese erste Evakuierung Zweibrückens:

"Am Morgen des ersten September übertrug der Rundfunk Hitlers Rede vor dem Reichstag. Gleich am Anfang fiel der schicksalsschwere Satz: "Seit 5 Uhr 45 wird jetzt zurückgeschossen."...Es kam keine Kriegsbegeisterung auf, eher Betroffenheit, die Grenzbevölkerung war sich des Ernstes der Lage bewusst. Fast unmittelbar nach der Hitlerrede erging an die Bevölkerung der Städte Zweibrücken und Pirmasens, sowie der dem Westwall vorgelagerten Ortschaften, der Räumungsbefehl. 25000 Einwohner unserer Stadt mussten innerhalb zwei Tagen ihre Häuser und Wohnungen verlassen, wurden abtransportiert mit unbekanntem Ziel. Die meisten Bürger wurden in zwölf Sonderzügen in die "Bergungsgebiete" um Bayreuth und Hof a. d. Saale, nach Thüringen und ins Fichtelgebirge gebracht...Dieser Teil der Evakuierung verlief planmäßig, doch wer für den Transport am 2. September bestimmt war, musste Strapazen und demütigende Maßnahmen hinnehmen...Meine Mutter, mein Bruder und ich gehörten...in diesen Transport, der fast drei Tage unterwegs war von der Westgrenze bis zur (damals) ehemaligen deutsch-tschechischen Grenze, zu einem Landstrich, der zu den ärmsten in Deutschland gehören musste."

1940...

...kehrten die letzten Zweibrücker Ende August, Anfang September in ihre Heimat zurück.

„Die Stadt erwachte aus dem Dornröschenschlaf", so Ilse Pick weiter. *„Fabriken nahmen den vollen Betrieb auf, Handwerker öffneten ihre Werkstätten, Ladenbesitzer begannen mit dem Verkauf; Mitte September nahmen die Schulen den Unterricht auf. Scheinbare Normalität kehrte ein, scheinbar deshalb, weil es nicht lange dauerte, bis die Zivilbevölkerung in die Kriegsmaschinerie einbezogen wurde. Frauen und Jugendliche wurden zu Kriegsdiensten herangezogen, eine Entwicklung, die auch auf die Schulen übergriff. Unterrichtsausfälle infolge Kriegseinsätzen der älteren Schüler fanden immer öfter statt. Wir waren Jugendliche nur dem Alter nach; die Aufgaben, die man uns stellte, waren eigentlich Sache der Erwachsenen. So vollzog sich an uns das, was unser ehemaliger Klassenleiter uns kurz vor Kriegsausbruch gesagt hatte: „Ihr armen Mädchen, wenn es Krieg gibt, ist eure Jugend verloren"."*

Über den Wiederbeginn schreibt Hans Kennerknecht a.a.O.:

„Am 16. September 1940, nachdem Frankreich niedergeworfen war, nahmen wir den Unterricht in der Heimat wieder auf. Zu unserer Freude fanden sich alle Schülerinnen wieder ein. Für die 1. Klasse meldeten sich 47 Schülerinnen. Der Gesamtbesuch betrug 205 Schülerinnen, darunter zum ersten Mal die 7. Klasse mit 8 Schülerinnen. Der Unterricht mußte bis Weihnachten mit gekürzten Stundenzahlen gegeben werden, da wir in unseren Räumen noch das Gymnasium Zweibrücken aufnahmen."

1941...

...wurde der Unterricht auch noch bis Ostern mit gekürzten Stundenzahlen fortgeführt.

„Ab Ostern konnten wir endlich mit der vollen Stundenzahl für alle Fächer den Unterricht erteilen. Die Verlängerung des Schuljahres bis zum 16. Juli 1941 gab uns dann die Gelegenheit, mit dem Lehrstoff doch noch bis zum Schuljahrschluß fertig zu werden...

...Anfang Oktober luden wir die Eltern unserer Schülerinnen zu einer Wiedersehens-Feier ein. Anläßlich des Geburtstages unseres Führers versammelten wir uns am 19. April 1941 zu einer Schulfeier. In dieser wurde dem Führer und unserem unvergleichlichen Heere für seine Heldentaten in Wort und Lied gedankt. Der deutschen Mutter gedachten wir am 17. Mai 1941."
(Kennerknecht a.a.O.)

1942...

...kann Hans Kennerknecht von einem ganz besonderen Tag für seine Schule berichten:
„Am 1. April 1942 entließen wir in einer Feierstunde, zu welcher wir die Behördenvertreter der Stadt, die Kameraden aller hiesigen Schulen und die Eltern unserer Schülerinnen eingeladen hatten, unsere Reifeschülerinnen der 8. Klasse. Dieser Tag war ein Markstein in der Geschichte unserer Schule. Im Schuljahr 1940/41 eröffneten wir die 7. Klasse, welche im März 1942 als 8. Klasse die 1. Reifeprüfung an unserer Schule ablegte. Die Oberschule für Mädchen in Zweibrücken ist daher von diesem Schuljahr ab eine Vollanstalt, deren bestandene Reifeprüfung zum Besuch der Hochschulen berechtigt."
„Die Aufgaben des schriftlichen Teils in Mathematik, Deutsch, Französisch, Englisch, Geschichte und wahlweise Physik, Chemie oder Biologie wurden zentral von Saarbrücken aus gestellt, bei der mündlichen Prüfung, die zusätzlich noch Erdkunde und Musik umfaßte, war ein Vertreter der vorgesetzten Schulbehörde anwesend." (Chronik 1900 - 1999, S. 156)

Ende des Schuljahrs 1941/42 besuchten 215 Schülerinnen die Städtische Oberschule.

Abiturientinnen 1942

1943...

...machte Ilse Pick, später verheiratete Christmann, ihr Abitur. In der Chronik von 1993 erinnert sie sich:

„*Meine Reifeprüfung, die ich mit elf Klassenkameradinnen im März des Jahres 1943 ablegte, stand im Schatten der Kriegsereignisse...Unser Abitur hatte daher nicht den Stellenwert, den man normalerweise einem solchen Ereignis beimißt. Wir machten uns keine Illusionen, was die nahe Zukunft betraf. Studium oder Berufsausbildung waren in die Ferne gerückt. Wir wollten das Abitur hinter uns bringen, so gut wie das bei einem knappen halben Jahr Vorbereitungszeit möglich war. Wissenslücken, die durch zahlreiche Unterrichtsausfälle im Jahr zuvor entstanden waren, konnten nur teilweise aufgeholt werden...*
Im Rahmen einer schlichten Feier überreichte uns Direktor Kennerknecht...die Reifezeugnisse, die uns zum Studium an Universitäten berechtigen sollten. Gerne hätten wir das Ereignis gebührend gefeiert, aber es fehlten uns die Partner dazu...
Zwei Mädchen begannen ein Studium, zwei ein Praktikum, die anderen wurden Anfang April zum RAD (Reichs-Arbeitsdienst) *eingezogen...*

Als ich im August 1945 in unsere zerstörte Heimatstadt zurückkehrte, hoffte ich, daß mir das Zeugnis endlich von Nutzen sein könnte...Die Besatzungsmächte ließen uns spüren, daß wir Besiegte waren. Auf uns Abiturientinnen der Absolventenjahrgänge 1943 und 1944 wartete eine besonders unangenehme Überraschung. Unsere Reifezeugnisse berechtigten nicht mehr zum Studium an Universitäten. Betroffen waren die Abiturientinnen der Mädchenoberschulen mit hauswirtschaftlicher Richtung und die Abiturientenjahrgänge 1943 und 1944 der Gymnasien und Oberrealschulen, die nach dem Notabitur vorzeitig zum Wehrdienst einberufen worden waren. Für alles, was wir hatten erdulden müssen, vor allem in den beiden letzten Kriegsjahren, wurden wir letzten Endes noch bestraft."

Die Abiturientinnen 1943...

...beim großen Wiedersehen 50 Jahre danach

1944...

...endete das Schuljahr schon im Juli mit Beginn der großen Ferien. Luise Berg-Seegmüller kommentiert das in der Festschrift zur Einweihung 1965 rückschauend:

„1944 war uns noch ein Trimester in der 8. Klasse vergönnt, dann schickte uns ein „Führererlaß" in Arbeitsdienst und Kriegseinsatz. Das war das Ende unserer Mädchenschulzeit. Nicht Abiturientinnen, sondern Notabiturientinnen waren wir geworden..."

Der Großteil der Zweibrücker Bevölkerung wurde zum zweiten Mal evakuiert, das Schulgebäude für andere Zwecke genutzt.

Ernst Völker schreibt darüber in „Blätter der Erinnerung 1951":

„Als im Juli 1944 mit Beginn der großen Ferien sich die Pforten der bis dahin noch völlig unversehrten Schule schlossen, ahnten weder Lehrer noch Schüler, daß dieser Schulschluß für über ein Jahr den Bau seiner eigentlichen Bestimmung entziehen würde; denn im September zogen statt der Schüler Westwallarbeiter, vornehmlich aus mainfränkischen Auen, in alle Räume der Schule ein..." Ausgenommen blieben allein die Hausmeisterwohnung sowie der Physik- und Chemieraum. *„In allen andern Räumen wurden zweistöckige Holzbetten aufgestellt und so Mannschaftsräume geschaffen. Der Arbeitsstab hatte im Direktorat seine Befehlsstelle und Schreibstube aufgeschlagen. Eine Kantine mit Schankbetrieb wurde im Singsaal eingerichtet. In der Turnhalle war Massenlager auf offenem Stroh, während sonst überall Strohsäcke eine gewisse Ordnung und Wohnlichkeit ermöglichten...Mitte Dezember durften die zwangsverpflichteten Westwallarbeiter in ihre Heimat zurückkehren, und in die freigewordenen Räume zogen im Januar städtische Behörden ein, da inzwischen das Bürgermeisteramt durch Brand mitgenommen war. Auch die Post hatte, wohl aus Sicherheitsgründen, einen Teil ihres Betriebes hierher verlagert."*

1945...

...blieb das Schulgebäude beim verheerenden Bombenangriff auf Zweibrücken zwar von Volltreffern verschont, unmittelbar neben ihm niedergehende Bomben richteten aber erheblichen Schaden an.

„Rechts neben dem Eingang klaffte eine breite Lücke im Grundgemäuer, und Trümmer und Erdmassen füllten den ehemaligen Eß- und Tagesraum der Schulküche. Ein anderer Trichter im Vorgelände hatte den Kohlelagerraum der Schule aufgerissen und zum größten Teil verschüttet. Auf der Rückseite war nur am Singsaal ein Fensterpfeiler eingedrückt. Aber wie sah es im Innern des Gebäudes aus! Mit Ausnahme von 2 Schulräumen im Obergeschoß und einem im Untergeschoß waren alle dünnen, jedoch schalldicht angelegten Zwischenwände teilweise oder ganz zerstört, kein Fenster, keine Tür war mehr da, und alle Schaukastenrückwände waren eingedrückt. Da auch das Dach schwer mitgenommen und alle Decken durch Risse und Sprünge undicht geworden waren, konnten Wind und Regen von allen Seiten, auch von oben her, eindringen. Wohl fanden sich unter den Bergen von Mauer- und Deckenschutt, von hinterlassenen Akten und Papieren der Behörden noch in einigen Räumen Stöße von Lehrbüchern und von Beständen der Lehrerbücherei, doch mußte auf Anordnung der Besatzungsbehörde der größere Teil als verbotenes Schrifttum abgeliefert werden. Von der Einrichtung der Schulküche, von Schränken, Herden, Geschirr, war nichts zurückgeblieben. Da Türen und Fenster Tag und Nacht offenstanden, verschwand im Laufe des Jahres noch manches, kurzum, der Bau wurde gründlich ausgeplündert."

Angesichts all dieser Zerstörungen grenzte es an ein Wunder, dass noch...

IM SELBEN JAHR...

...am 27. August Ignaz Roth, der Zweibrücker Bürgermeister, folgende, die Städtische Oberschule für Mädchen betreffende Bekanntmachung herausgab:

„Da der Unterricht an der Schule wieder aufgenommen werden soll, sobald die räumlichen Verhältnisse es gestatten, haben sich die Schülerinnen der Klassen 1 bis 8 am 5. Sept. 1945 zwischen 9 bis 11 Uhr bei Herrn Studienrat Völker, Wilhelmstraße 5, zu melden. Neuaufnahmen in die 1. Klasse werden in diesem Jahre nicht vorgenommen."

Zu denen, die sich meldeten, gehörte Roswitha Reichardt. In „Blätter der Erinnerung 1951" beschreibt sie, wie der Wiederbeginn aussah:

„Zunächst durften wir einmal aufräumen...Bücher, Schulaufgaben, Zeugnisse - die ganzen Intimtäten einer Schule lagen vor unseren Augen zerstreut. Beschmutzte Bücher und alles, was politisch nicht einwandfrei war, fiel den Flammen zum Opfer. An einem warmen Herbstnachmittag des Jahres 1945 begann dann der „Unterricht", zweistündig, Fenster und Türen fehlten, das Dach war noch nicht gedeckt, und ein Blick auf die Decken versprach für etwaige Regenfälle allerhand. Herr Völker war der einzige, der uns von den früheren Lehrern verblieben war, sonst unterrichteten großenteils Aushilfskräfte. was man so unterrichten nennt: keine Hefte, keine Bücher, ständiger Lehrerwechsel. Es wurde kälter. Wir froren jämmerlich. Schließlich wurde der Unterricht eingestellt."

Tatsächlich wurden wegen des Mangels an Lehrkräften nur die Klassen 1 bis 6 unterrichtet,
"...und zwar an drei Wochentagen die erste, dritte und fünfte Klasse und an den andern drei Tagen die zweite, vierte und sechste Klasse mit je drei Nachmittagsstunden, wobei meist eine Bewegungsstunde eingeschaltet werden mußte." (Völker a.a.O.)

1946...

...wurde der Unterricht im März wieder aufgenommen, das im Oktober 1945 begonnene Schuljahr 1945/46 endete vor den Osterferien, das nächste im Oktober 1946.

„Im Frühjahr 1946 Neubeginn. Nach insgesamt etwa 6 Wochen „Unterricht" ward die 4. Klasse absolviert, nach 3 Monaten die fünfte. Im Laufe der nächsten Zeit erhielten wir Türen und Fenster, ein geteertes Dach - und auch der „Lehrerbestand" ergänzte sich. Einen Mathematiker hatten wir überhaupt nicht, dafür - vielleicht - die vielbegehrte Schulspeisung." (Roswitha Reichardt a.a.O.)

1945/46 besuchten 204 Schülerinnen die Städtische Oberschule, 1946 waren es 208, 1946/47 233, 1947/48 256, 1948/49 247, 1949/50 243.

Hedwig Beilhack
an ihrem 75. Geburtstag 1982

1947...

...wurde Hedwig Beilhack, die seit dem 8. Mai 1946 „*mit einer sogenannten außertariflichen Vergütung pro Stunde 2,17 Mark*" als „Fachlehrerin für Zeichnen und Kurzschrift" an der Schule unterrichtete, als deren kommissarische Leiterin eingesetzt. In der Festschrift von 1985 schreibt sie über diese Zeit:

„*Aus Gründen, die ich nicht kenne, wurde dann Herrn Völker die kommissarische Leitung der Schule untersagt. Sie drohte, geschlossen zu werde, wenn sich niemand fände, der das Amt übernimmt. Daraufhin schlug Herr Völker mich vor. Ich nahm allen Mut zusammen und wagte mich an die schwere Arbeit. So wurde ich als provisorische Leiterin von der französischen Militärregierung eingesetzt, mußte aber auch noch meine Stunden als Fachlehrerin in Zeichnen geben, bekam allerdings als Aufwandsentschädigung die stolze Summe von 50 Mark im Monat...*
In dem sogenannten Direktorat stand ein nicht abschließbarer, zusammengenagelter Schreibtisch, so daß ich die damals noch wenigen wichtigen Akten auf dem Gepäckträger meines Fahrrades nach Hause schleppte...
Ich fuhr mit dem Rad in ganz Zweibrücken umher, um die unmöglichsten Öfen zu erbetteln, damit wir einige Räume heizen konnten. Meine Arbeit war ein dauernder Kampf mit der Militärregierung um Lehrkräfte, Mobiliar und viele Kleinigkeiten. Vom Ministerium war nichts zu erwarten. Ich mußte die Leute selbst finden...So radelte ich wieder tapfer hinter jedem her, der irgendwelche Stunden geben konnte. Das waren Diplomingenieure ohne Stelle, Studenten ohne Studiengeld, Ehefrauen mit dem Sprachlehrerinnenexamen, die ich den Männern zum Teil schwer abbetteln mußte, wenn sie nicht selbst ohne Arbeit waren."

IM SELBEN JAHR...

...begannen die Bemühungen, der 6. Klasse wieder eine Oberstufe folgen zu lassen. Wilhelmine Gölz beschreibt im Jahresbericht 1955/56 den Weg dahin:

„Neben den Sorgen um die Instandsetzung des Gebäudes und die Auffindung von „unbelasteten" Lehrkräften begann das Bemühen um die Erlaubnis, eine Oberstufe wieder aufsetzen zu dürfen. Die Schülereltern vertraten energisch ihre Ansprüche um Wiedererrichtung einer Vollanstalt, und die Stellungnahme der Schule und der Stadtverwaltung wurde schon im Juni 1947 der Landesregierung in Koblenz vorgelegt. Im September des gleichen Jahres war der Mangel an Lehrkräften soweit behoben, daß mit einer 7. Klasse begonnen werden konnte."

Freilich hatte man das Gebäude nicht für sich allein:

„Die Instandsetzung des Schulgebäudes war inzwischen soweit fortgeschritten, daß im Juli 1947 der Oberrealschule das Obergeschoß, allerdings noch mit Mängeln behaftet, zur Verfügung gestellt werden konnte." (Gölz a.a.O.)

„Turnhalle und Umkleideräume waren zugleich Kino und Café und konnten somit für den Unterricht nicht genutzt werden." (Beilhack a.a.O.)

Das „Central-Filmtheater" in der Turnhalle der Mädchen-Oberschule war am 11. März 1946 mit einer Vorführung des französischen Films „Das verlorene Paradies" eröffnet worden. Kino blieb die Turnhalle bis zum 1. April 1951.

1948...

...sollte sich an die 7. Klasse dann die achte anschließen, aber es gab Schwierigkeiten:

„Da verweigerte nun aber die Militärregierung die Anerkennung, weil wir vom Ministerium keine schriftliche Genehmigung hatten. Bei einem Besuch mit Herrn Oberbürgermeister Roth hatten wir die Genehmigung mündlich erhalten, da ja die Schule vor dem Krieg als Frauenoberschule geführt worden war. Herr Roth und ich führten einen erbitterten Kampf um diese Genehmigung." (Beilhack a.a.O.)

Es dauerte noch bis zum 23.8.1948, bis die Militärregierung „nach vorausgegangener Genehmigung durch Landes- und Provinzialregierung, der Erlaubnis zur Wiedereinrichtung der Oberklassen zustimmte." (Gölz a.a.O.)

Und weiterhin beherbergte man am Himmelsberg Gäste: „Ab 1. September 1948 wurde dem humanist. Gymnasium die Benützung von sechs Schulräumen im Erdgeschoß an fünf Nachmittagen von der Stadtverwaltung genehmigt." (Gölz a.a.O.)

Die Oberrealschule, das heutige Helmholtz-Gymnasium, kehrte im September 1949 in ihr altes Gebäude in der Hofenfelsstraße zurück, das humanistische Gymnasium, später nach Herzog Wolfgang benannt, blieb bis zum Frühjahr 1950.

Außerdem waren unter dem Dach der Mädchen-Oberschule zeitweise eine Abteilung der Gemeinnützigen Wohnungsbau-GmbH, die Volkshochschule, die Stadtbücherei und die Beratungsstelle für Heimatvertriebene untergebracht.

1950...

...hatte Hedwig Beilhack als kommissarische Schulleiterin endlich ihr großes Ziel erreicht. Ihre Arbeit allerdings setzte eine andere fort:

"Vom Ministerium kam Anfang 1950 die Aufforderung, den endgültigen Schultyp festzusetzen. Das galt für alle drei höheren Schulen. Jetzt endlich war die Gelegenheit gegeben, neben altsprachlichem und naturwissenschaftlichem Gymnasium das neusprachliche Gymnasium ins Leben zu rufen. In einer Elternversammlung ergriff ich diese Chance, und so gelang es, entsprechend dem Willen der Eltern, mit Genehmigung der Stadtverwaltung als Schulträger, das Neusprachliche Gymnasium zu gründen.
In dieser Zeit kam auch Frau Studienrätin Dr. Gölz in unseren Schuldienst. Für die Abnahme des ersten Abiturs wurde sie dann zur Oberstudienrätin ernannt. Sie wurde ohne besondere Einführung eingesetzt, ich ohne Dankeschön entlassen. Erst ein Jahr später bekam ich ein Dienstleistungsschreiben für die Tätigkeit während dieser drei Jahre.
Von da an lief alles normal, und ich konnte endlich meine Arbeit in meinem Fach voll aufnehmen." (Beilhack a.a.O.)

Wilhelmine Gölz, Hedwig Beilhacks Nachfolgerin, beschreibt in „Blätter der Erinnerung 1951" den neuen Schultyp:
„In diesem Schultyp beginnt die 1. Kl. mit Französisch; in der 3. Kl. folgt Latein, das in der 9. Kl. zum großen Latinum führt; in der 4. Kl. beginnt Englisch."
In der „Festschrift zur Hundertjahrfeier 1961" deutet sie jedoch auch eine gewisse Wehmut an:
„Aber das Jahrhundert der Mädchenschule war endgültig abgeschlossen, wir mußten in den gymnasialen Zweig auch Jungen aufnehmen. Manche Kreise mögen es bedauert haben, denn Koedukation wird nicht überall bejaht. Doch unsere Erfahrungen sind ermutigend."

Parallel zu den Gymnasial-Klassen wurden auch noch Lyzeal-Klassen geführt, die nur Mädchen aufnahmen und mit zwei Pflichtfremdsprachen zur Mittleren Reife führten.

Das Lehrerkollegium 1949, 4.v.l. in der unteren Reihe
Hedwig Beilhack

Dr. Wilhelmine Gölz

SEIT 1950...

...hieß die Schule nun offiziell „Städtisches Neusprachliches Gymnasium mit Lyzeum"
So ganz hatte also die Tradition der Mädchenschule doch noch nicht aufgehört. In der von Hedwig Beilhack angesprochenen Elternversammlung war man dafür eingetreten, dem neusprachlichen Gymnasium einen lyzealen Zweig anzugliedern. So gab es fortan in der Unter- und Mittelstufe auch Lyzeal-Klassen, die nur Mädchen aufnahmen und mit zwei statt drei Fremdsprachen zur Mittleren Reife als Abschluss führten. Man begann mit Französisch, in der Quarta kam Englisch hinzu.
Ab 1959 hießen diese Klassen „Frauenoberschule", 1960 ordnete das Ministerium an, dass vom Schuljahr 1961/62 an keine FOS-Klassen mehr eingerichtet werden könnten, da sich der Anteil der Jungen, die das Neusprachliche Gymnasium besuchten, mittlerweile auf 40% erhöht habe.

Abiturfeier 1950

1951...

...gab es dann etwas zu feiern: den 90. Geburtstag der Schule.
Am 25. Juli fand um 9.30 Uhr die Feierstunde in den Kammerlichtspielen Zweibrücken statt. Den Festvortrag hielt Oberstudiendirektorin Dr. Wilhelmine Gölz, die seit dem 1. April nun auch offiziell ernannte Schulleiterin war. Der Pfälzische Merkur schrieb am darauf folgenden Tag:

"Aus dem Dreiklang: Rückschau, Umschau, Ausschau entwickelte sich eine Gesamtschau über das, was alle gemeinsam verbindet von wohlbehüteter Kindheit, sorgloser Jugend bis zum Wachsen und Reifen unter sorgsamem Lehrkörper, der der ihm anvertrauten Jugend das Beste für das spätere Leben gab."

Und weiter:
"Abschiedsworte der Abiturientin Gerda Ludwig, Vorträge von Gedichten in deutscher, französischer und englischer Sprache folgten einer Ansprache des Vertreters des Unterrichtsministeriums von Rheinland-Pfalz Oberstudiendirektor Dr. Pick, der...in längeren Darlegungen das Hineinwachsen der Frau in die wirtschaftliche, soziale und geistige Oeffentlichkeit behandelte und die richtige Art der Gleichberechtigung von Mann und Frau herausstellte. Auch die Aufgaben der höheren Mädchenschule im Gegensatz zu den Knabenschulen und die Wichtigkeit der richtigen Wahl der führenden Persönlichkeiten beleuchtete Dr. Pick, worauf er unter lebhaftem Beifall feststellte, daß er als Abnehmer des Zweibrücker Absolutoriums noch selten eine Prüfung erlebte, in der eine so klare zielsichere Führung zu erkennen war, wie an der Jubiläumsanstalt mit Dr. Gölz an der Spitze...Auch Willemin Mayer fand ansprechende Töne mit abschließendem Vorschlag, es möge sich für die Anstalt ein Bund ehemaliger Schülerinnen bilden, der alle enge zusammenschließen soll."

Den Nachmittag und Abend verbrachten Schulangehörige und Ehemalige in der Fasanerie bei Kaffee und Kuchen, verschiedenen Vorführungen und Tanz zur Musik der Kapelle Toni Brückner.

90-Jahrfeier in der Fasanerie

Das Lehrerkollegium 1951, 2.v.l. in der unteren Reihe
Dr. Wilhelmine Gölz

1952...

...feierte die Stadt Zweibrücken ihren 600. Geburtstag, das Neusprachliche Gymnasium leistete mit der Gruppe „Schäferspiele" seinen Beitrag. Das Zentralabitur wurde in diesem Jahr durch die neue Reifeprüfungsordnung beseitigt, seit 1950 schon bildeten die Lehrpläne von Rheinland-Pfalz die Grundlage der Unterrichts- und Erziehungsarbeit, in den Monaten November und Dezember erhielten die Abschlussklassen sechs juristische Unterrichtsstunden durch „Herren des Amts- und Landgerichtes". Insgesamt war die Absicht zu erkennen, „die Jugend den Fragen des außerschulischen, öffentlichen Lebens aufgeschlossen zu machen", durch Besuche von Stadtratssitzungen, Gerichtsverhandlungen und des Mainzer Landtags. Demselben Ziel diente wohl 1952 auch die Einrichtung einer SMV (Schülermitverantwortung) am Neusprachlichen Gymnasium.

„Willkommene Unterbrechungen des Schuljahres waren und sind Wandertage, die seit 1951 vom Ministerium wieder eingesetzt wurden. Da die Umgebung Zweibrückens für Fußwanderungen immer weniger verlockend geworden ist, haben wir bisher von der Erlaubnis Gebrauch gemacht, sogenannte Schullandheimaufenthalte durchzuführen, welche während des Sommers jede Klasse mit ihrem Klaßleiter für 6 bis 12 Tage in einen neuen Landschaftsraum verpflanzen... Ebenso wiederholen sich seit 1951 die begeistert geleisteten Vorbereitungen für Hausmusik...Einsicht und Fürsorge der Stadtverwaltung und des Stadtrates gestatteten Schritt für Schritt eine Erneuerung des Gebäudes. Das Äußere des Hauses wurde im Sommer 1951 überholt, in den Jahren 1952 und 1953 der Innenanstrich..."

Wenn man von all dem in Dr. Gölz' Rückblick auf die „Geschichte der Anstalt 1946 -1956" im Jahresbericht 1955/56 liest, gewinnt man den Eindruck, dass die Schule nach den Umwälzungen und auch leidvollen Erfahrungen der letzten vier Jahrzehnte nun allmählich zur Ruhe kam und sich auf ihre eigentlichen Aufgaben konzentrieren konnte.

Wandertag zur Contwiger Hütte 1952

Abiturientinnen 1953 mit Dr. Philipp Loch

1953...

...ersetzte die Notenskala von 1 bis 6 das bisherige Punktsystem von 20 bis 0.

Von Bedeutung war dieses Jahr für die Schule aber auch in anderer Hinsicht:
Im November wurde das folgende „Rundschreiben an alle Ehemaligen" verschickt:

„Liebe Mitschülerin von einst!
Die 90-Jahrfeier ist schon 2 Jahre verklungen und erst jetzt haben wir uns im „Bund der ehemaligen Schülerinnen des Städt. Neusprachl. Gymnasiums Zweibrücken" zusammengeschlossen. Die ideelle und materielle Betreuung unserer alten Schule sollte uns ans Herz gewachsen sein, hie und da soll auch der gesellige Teil nicht vergessen werden. Wir hoffen, auch Dich in unseren Reihen begrüssen zu können, zumal der Jahresbeitrag nur 4.- DM (vier D-Mark) beträgt. Er soll tunlichst gleich im Januar (zum 1.mal im Januar 1954) im ganzen entrichtet werden, doch ist es auch zulässig den Betrag im Januar mit 2 DM und im Juli mit 2 DM zu bezahlen (Sollte Dir der Beitrag z.Zt. nicht möglich sein, so ist das kein Hindernis, unserem Bunde anzugehören.) Wir bitten Dich, mache von der anhängenden Beitrittserklärung Gebrauch und sende sie (als Drucksache 4 Pfg.) recht bald an Deine Klassenvertreterin oder an Frau Beilhack, Städt. Neusprachl. Gymnasium, Himmelsbergstr., die Schriftführerin unseres Bundes.
Mit herzlichem Gruß..."

Unterzeichnet ist das Schreiben von der Ersten Vorsitzenden Else Foell-Reich, der stellvertretenden Vorsitzenden Annem. Schuler-Schwarzmann, der Schriftführerin Hedwig Beilhack-Frick, der Rechnerin Luise Gölz sowie den Beisitzerinnen Else Vogelgesang, Auguste Schmitt-Spach und Margot Theisinger.

So ging also der von Willemin Mayer in der Feierstunde zum 90. Schulgeburtstag geäußerte Wunsch in Erfüllung: Ein Bund der Ehemaligen war gegründet!

1954...

...schreibt Dr. Wilhelmine Gölz im „Schulischen Rückblick" für die erstmals erschienenen „Weihnachtlichen Grüße" des Bundes der Ehemaligen:
„Es war das erste Mal in der Geschichte unserer Anstalt, daß wir als stärkste höhere Schule in Zweibrücken ein Jahr beginnen konnten: mit einigen Nasenlängen machten wir das Rennen vor dem Naturw. Gymnasium (früher Oberrealschule)."

Zu Beginn des Schuljahrs 1954/55 besuchten 342 Schülerinnen und Schüler das Neusprachliche Gymnasium. Die Zahl war von 241 im Schuljahr 1950/51 über 251, 283 und 295 ständig gestiegen. 1951/52 befand sich darunter ein einziger Junge, im nächsten Jahr waren es 7 junge Männer, dann 17 und 1954 schließlich schon 29.

Und noch eine weitere Premiere gab es in diesem Jahr: Zum ersten Mal brachten die drei Höheren Schulen der Stadt gemeinsam ein Musiktheaterstück auf die Bühne, die Jugendoper „Die Wunderuhr" von Eberhard Werdin.

„Die Rheinpfalz" schrieb am 5.4. über die Vorbereitungen:
„Das Orchester ist etwa 30 Schüler stark und wird im wesentlichen von der Oberrealschule gestellt. Dagegen steuert das Neusprachliche Gymnasium den rund 50 Stimmen zählenden Chor bei und gestaltet sämtliche Tanzszenen. Die Sprechrollen sind auf Schülerinnen und Schüler der Oberrealschule und des Herzog-Wolfgang-Gymnasiums verteilt. Ein kleines Kollegium von Lehrkräften ist um die Einstudierung der Sprechrollen bemüht, der Chor steht unter der Leitung von Frl. Schmittler, Bühnenbilder und Kostüme gestalten die Zeichenlehrer der drei Anstalten gemeinsam."

Über die Aufführungen Anfang April heißt es im „Schulischen Rückblick":
„Gleich zu Beginn des Monats ging die erste Aufführung der Schuloper „Die Wunderuhr" über die Bretter unserer Turnhallenbühne mit einem solchen Erfolg, daß noch zwei Wiederholungen gespielt werden mußten."

1955...

...findet man im „Jahresbericht" eine interessante Übersicht über die Zusammensetzung der Schülerschaft im Schuljahr 1955/56 nach dem Beruf des Vaters.

65% der Väter gingen einer unselbständigen, 35% einer selbständigen Arbeit nach.
Von den Nicht-Selbständigen waren 34,3% Arbeiter und Angestellte, 22,7% untere und mittlere Beamte, 8% höhere Beamte.
Von den Selbständigen waren 4,5% Handwerksmeister, 6,2% Bauern, 17,6% Kaufleute und Unternehmer und 6,7% Ärzte, Apotheker, Rechtsanwälte und andere Akademiker.

Kostenlos war der Besuch der höheren Schule nicht:

„Das Schulgeld beträgt 240.- DM jährlich und ist in 10 Raten zu je 24.- DM am Monatsbeginn bei der Stadthauptkasse einzuzahlen (April und August sind schulgeldfrei). Gesuche um Ermäßigungen müssen auf vorgedrucktem Formular zu Beginn jedes Schuljahres dem Direktorat eingereicht werden, das gemeinsam mit der Klassenkonferenz über die Würdigkeit des Schülers entscheidet." (Jahresbericht 1955/56)

1956...

...schreibt Wilhelmine Gölz im Schlusswort zum Jahresbericht mahnende Worte an die Eltern:

„Der wichtigste Beruf ist der Elternberuf. Trotzdem die Außenwelt in einem manchmal erschreckenden Maße in das Familienleben hineingreift, muß es immer das Bestreben des verantwortungsbewußten Elternhauses sein, dem Kinde, dem heranwachsenden jungen Menschen den Ort der Geborgenheit, der Ruhe und Sammlung zu erhalten. Auch die beste Schule wird ohne die Unterstützung durch das Elternhaus nur halbe Arbeit leisten können. Der Schüler muß wissen, daß diese beiden Erziehungsstätten Hand in Hand wirken."

Sie bezieht sich dabei auf ein Zitat des Ministerialrats Dr. Eiserlo aus dem Ministerium für Unterricht und Kultus vom 11.9.1955:

„Die Welt des Kindes ist bereits von der Hetze des Alltags mitbestimmt. Nur wenige Eltern haben noch Zeit, besitzen noch die innere Bereitschaft, auf das Fragen und das Spielen ihrer Kinder einzugehen. Rundfunk, Fernsehen, Auto, Flugzeug, Straße und Verkehr beeindrucken unaufhörlich Geist, Seele und Gemüt des Kindes und fordern von ihm schon früh einen starken Kräfteeinsatz. Das Kind kommt nicht ausgeruht in die Welt der Schule, sondern durch die frühe Beanspruchung ist es behaftet mit Erlebnissen jeglicher Art."

Sätze von erschreckender Aktualität!

In diesem Jahr 1956 machen zum ersten Mal zwei junge Männer, Helmut Billert und Rolf Hartung, ihr Abitur am Neusprachlichen Gymnasium.

1957...

...liest man im Jahresbericht erneut mahnende Worte der Schulleiterin:
„Ein dringendes Anliegen ist uns das außerschulische Verhalten unserer Schüler und Schülerinnen. Es fehlt hier manchmal an der wünschenswerten und notwendigen Einfachheit und Bescheidenheit. Daß Schülerinnen sich beim Weihnachtsverkauf betätigen oder Nachhilfeunterricht erteilen, nur um sich Wünsche für Kleidung oder Sportausrüstung erfüllen zu können, läßt sich pädagogisch nicht rechtfertigen. Es ist eine Doppelbelastung für junge Menschen, bei der die Erfüllung der schulischen Pflichten zurücktritt. Auch der Arbeitseinsatz der Schüler in den Ferien sollte ein erträgliches Maß nicht übersteigen, denn die Ferien dienen der Erholung, heißt es in der Schulordnung."
Frau Dr. Gölz feierte am 1. Oktober ihren 60. Geburtstag. Aus diesem Anlass gab es eine Feierstunde für alle Klassen in der Turnhalle, die sechste Stunde fiel aus und die Direktorin spendete jeder Klasse einen Geldbetrag für die Klassenkasse.

Andere außerschulische Aktivitäten wurden gefördert. So zum Beispiel der erste Zweibrücker Schüler(innen)austausch mit dem Ausland.
Der „Pfälzische Merkur" schreibt am 20. April 1957:
„Auf die Frage „Where is Hillary?" stieg am Donnerstagabend 18.45 Uhr aus dem gelben Stadtomnibus mit der Aufschrift „Sonderfahrt" ein junges Mädchen im weinroten Kostüm. Der blau-rot-gestreifte Schlips und die rote Tellermütze gehörten zu der Schüleruniform des englischen Mädchengymnasiums Girls Secondary School in Birkenhead. 21 junge Mädchen mit Namen Barbara, Marion, Pamela, Maureen oder Ann kamen mit ihrer Direktorin und einer fließend deutsch sprechenden Oberstudienrätin für 14 Tage zu Besuch nach Zweibrücken. Hier sind sie Gäste in den Elternhäusern gleichaltriger Schülerinnen des städtischen neusprachlichen Gymnasiums, welches damit als erste Schule in unserer Stadt einen organisierten großen Schüleraustausch aufgezogen und unter seine Patenschaft gestellt hat."

Abiturklasse 1957, in der unteren Reihe 3.v.l.
Margarete Heisler

Spielstunde 1959

1959...

...verabschiedet sich Wilhelmine Gölz in den „Weihnachtlichen Grüßen" von der Schulgemeinschaft:

„Ich mache von der Erlaubnis Gebrauch, daß ein Beamter mit dem vollendeten 62. Lebensjahr sein Ruhestandsgesuch einreichen darf, und sehe dem Zeitpunkt entgegen, wo ich mein Werk jüngeren Kräften überlassen kann. Mein Beruf war mir stets eine Quelle der Freude und inneren Befriedigung. Ich fühlte mich glücklich in der Arbeit mit und an der Jugend, in der Weitergabe geistiger Güter, die mich bereicherten und ihr eine Lebenshilfe werden sollten. Ich gestehe, daß ich als junges Mädchen gar nicht daran dachte, einen Beruf zu ergreifen; meine Schwester war zielstrebiger und hatte sich „selbständig" gemacht, aber meine Pläne gingen andere Wege: mein Bruder, den ich tief verehrte, sah es als seine vaterländische Pflicht an, nach seinem Jurastudium in unseren Kolonien zu arbeiten, und ich sollte ihm dabei „zur Hand gehen". Jugendliche Träume, denen der erste Weltkrieg ein jähes Ende setzte. Meine geliebten Eltern wiesen mir Weg und Aufgabe. Ein Jahr in einem Zimmerschen Töchterheim in Eisenach unter der Führung von Frau Oberin Anna Zimmer, der Tochter des Gründers, brachte mich ein Stück weiter. Dann durfte ich an dem ersten realgymnasialen Kurs teilnehmen, den Herr Oberstudiendirektor Prütting in Kaiserslautern einrichtete; im Juli 1919 legte ich das Abitur ab. Es folgte die Zeit des Studiums in Erlangen, Tübingen, Heidelberg und München mit ihren unvergeßlichen Eindrücken und Erlebnissen. Stets unter dem Einfluß von Vater und Mutter, durch ihre Lebensauffassung gelenkt, hatte ich meine Jahre verbracht und sollte mich nun im Beruf bewähren. Er wurde mir zur Lebensaufgabe, deren Pflichten manchmal nicht leicht waren, deren Früchte, wie bei aller Erziehungsarbeit, der Zukunft überlassen sind."

Am 30.11. wurde Frau Dr. Wilhelmine Gölz im Rahmen einer Feier verabschiedet.

1960...

...greift sie in ihrem „Resumee" nach längerer Zeit wieder einmal das Thema „Raumnot" auf:
„Betrachten wir darum den Zustrom zur höheren Schule nicht als eine lästige Begleiterscheinung wirtschaftlichen Wohlstandes, sondern in den meisten Fällen als ein ernstes Anliegen der Erziehungsberechtigten. So geschah es, daß auch unserer Anstalt in zunehmendem Maße Schüler und Schülerinnen anvertraut wurden..."

Seit dem Schuljahr 1954/55 (siehe Seite 65) hatten sich die Schülerzahlen wie folgt entwickelt:
1955/56: 375, 1956/57: 387, 1957/58: 372, 1958/59: 369, 1959/60: 410, 1960/61: 438
Von den 438 Schülern waren 134 Jungen.

Wilhelmine Gölz fährt fort:
„Konnten wir zu Beginn noch anderen Schulen und städtischen Verwaltungszweigen in unserem Gebäude gastfreundliche Unterkunft gewähren,...so benötigten wir nach und nach wieder sämtliche Räume, die auch allmählich ihr bombenzerstörtes Nachkriegsaussehen verloren. Heute sind die Pläne für einen Anbauflügel vom Ministerium bereits genehmigt, so daß unsere jetzige drückende Raumnot in absehbarer Zeit behoben sein wird. Beim „Hundertjährigen" werden sich die Ehemaligen an großen, lichtvollen, weitab liegenden Klassenzimmern erfreuen können, wenn auch die Überholung des Altbaues noch nicht vollzogen sein wird."

Die Anbaupläne wurden sehr schnell wieder verworfen. Dr. Wolfgang Carius, der neue Schulleiter, forcierte eine andere Lösung.

Abiturklasse 1962 mit Dr. Wolfgang Carius
(3.v.l. in der unteren Reihe)

IN DIESEM JAHR...

...fielen drei für die Entwicklung der Schule wichtige Entscheidungen:

Am 1. April ging das Städtische Neusprachliche Gymnasium in staatliche Trägerschaft über, es hieß jetzt „Staatliches Neusprachliches Gymnasium mit Frauenoberschule - Mittelstufe"; die Lehrkräfte waren von diesem Tag an Landesbeamte.

Am 26. Juli wurde Dr. Wolfgang Carius mit der Schulleitung beauftragt.

Zur 3. wichtigen Entscheidung, der Frage Anbau oder Neubau, schreibt Dr. Carius selbst in der Festschrift zum 125-jährigen Bestehen:

„In der festen Überzeugung, daß auf diese Weise nicht einmal eine befriedigende Zwischenlösung zu erreichen sei, leitete ich am 2.7.1960 den zuständigen Behörden eine begründete Eingabe zu, statt des geplanten Anbaus einen Neubau an anderem Ort zu erstellen. Nur der außerordentlich aufgeschlossenen Haltung aller Betroffenen, insbesondere des Herrn Oberbürgermeisters Munzinger, des Herren Ministerialrats Dr. Krosing, des damaligen Herrn Oberbaurats Böshans und des planenden Architekten, des damaligen Baurats Scharff, ist es zu danken, daß die genehmigten Pläne zurückgenommen und die Ausschreibung buchstäblich in letzter Minute zurückgehalten wurde. Schon am 12.7.1960 konnte die entscheidende Verhandlung im Ministerium für Unterricht und Kultus geführt werden, in deren Verlauf sich das Land zur Übernahme von 70% der Baukosten verpflichtete und das Bauprogramm für das neue Gebäude aufgestellt wurde. Am 27.7.1960 stimmte der Stadtrat von Zweibrücken dem Plan, einen Neubau zu errichten, zu."

Modell der neuen Schule

IM SELBEN JAHR...

...entfiel die verpflichtende Prüfung für die Aufnahme in die Höhere Schule und wurde durch ein ausführliches Gutachten der Grundschule ersetzt. Nur wenn diese Empfehlung nicht mit dem Wunsch der Eltern übereinstimmte, musste sich das Kind einer mündlichen Prüfung unterziehen. Um den Kindern den Übergang an die neue Schulform zu erleichtern, gibt Hans Winter, der Vorsitzende des Schulelternbeirats, im Jahresbericht 1959/60 den Eltern einige Ratschläge...

„Der Anfänger in der Höheren Schule braucht in der Zeit der Umstellung in ganz besonderer Weise das Gefühl der häuslichen Geborgenheit...
Beachten Sie, daß zur Anregung der Leistungsbereitschaft immer Ermutigung vor Nörgelei kommt!
Sichern Sie Ihrem Kind einen ruhigen Arbeitsplatz und stören Sie es nicht bei der Fertigung seiner Hausaufgaben!
Sorgen Sie für einen sinnvollen Wechsel von Arbeit und Muße und seien Sie darum bekümmert, daß das Kind das notwendige Quantum Schlaf bekommt! Schränken Sie für das Kind Filmbesuche und Fernsehsitzungen ein...!
Urteilen Sie in Gegenwart Ihres Kindes nicht abfällig über seine Schule...!
...und äußert Bitten an die Schule:
„Die Eltern sind der Schule dankbar, wenn auch sie sich immer wieder dafür einsetzt, daß die untragbar hohe Schülermeßzahl für die Unterstufe der Höheren Schule bedeutend herabgesetzt wird.
Bei der Einteilung der Klassenleiter wolle man sich, wie bisher, von der Erkenntnis leiten lassen, daß die Sextanerklassen die erfahrensten Pädagogen zugeteilt bekommen.
Auch die Fachlehrer mögen bedenken, daß die Grundschüler von gestern immer noch eine persönliche Bindung an ihre Lehrer suchen und für jede kleine Sympathieäußerung dankbar sind.
Die etwas langsameren Kinder, denen die Umstellung von der Lehrweise der Grundschule zu der Höheren Schule größere Schwierigkeiten bereitet, bitten um den Beistand ihrer Schutzgöttin, der „himmlischen Geduld".

1961...

...lud die Schule vom 7. bis 9. Juli zur Feier ihres hundertjährigen Bestehens ein.

Der Festakt fand am Freitag um 10 Uhr in der Festhalle statt. Im Zentrum stand Professor Dr. Müller Blattaus Vortrag zum Thema „Zweibrücken und die Musikgeschichte des 18. Jahrhunderts". Abends boten Chöre und Instrumentalgruppen der Schule um 20 Uhr ebenfalls in der Festhalle ein buntes musikalisches Programm. Höhepunkt war die Aufführung von Mozarts „Bastien und Bastienne"; in der Rolle der Bastienne: Lotte Lehmann, Ehemalige der Schule und später weltberühmte Kammersängerin. Am Samstag feierte man um 10 Uhr einen gemeinsamen Gottesdienst, anschließend gedachte man mit einer Kranzniederlegung auf dem Friedhof der Toten. Ab 15 Uhr trafen sich sämtliche Ehemaligen-Jahrgänge zum geselligen Beisammensein in der Fasanerie. Am Sonntag gingen die Feierlichkeiten mit einem vormittäglichen Bummel im Rosengarten zu Ende.

Parallel zu den Veranstaltungen gab es die Möglichkeit, eine Ausstellung im alten Gebäude am Himmelsberg und den künftigen Standort des neuen Gebäudes im Hofenfels-Park zu besuchen.

Die Erdarbeiten für den Neubau konnten schon im Oktober 1961 begonnen werden.

Das Lehrerkollegium 1961

„Bastien und Bastienne" mit Lotte Lehmann, Elke Purrmann und Norbert Tausch

Abiturklasse 1961

1962...

...fand am 25. Mai in Anwesenheit von Kultusminister Dr. Orth die Grundsteinlegung für das heutige Schulgebäude statt.
Der Text der Grundstein-Urkunde ist im Jahresgruß 1963 abgedruckt:

„Der Grundstein zu diesem von Herrn Baurat Willi Scharff geplanten und errichteten Gebäude, das der Bildung und Ertüchtigung der Jugend im Staatlichen Neusprachlichen Gymnasium dienen soll, wurde am 25. Mai 1962 in Anwesenheit des Lehrkörpers und aller Schülerinnen und Schüler des unter der Leitung von Herrn Dr. Wolfgang Carius stehenden Gymnasiums durch den Minister für Unterricht und Kultus in Rheinland-Pfalz, Herrn Dr. Eduard Orth, und den Bauherrn, den Oberbürgermeister der Stadt Zweibrücken, Herrn Oskar Munzinger, auf dem Grund des ehemaligen Hofenfels-Parks gelegt. Damals waren Dr. Heinrich Lübke Bundespräsident der Bundesrepublik Deutschland, Dr. Peter Altmeier Ministerpräsident von Rheinland-Pfalz.
Dieser Urkunde beigefügt sind ein Verzeichnis der Lehrer und Schüler, ein Exemplar der „Festschrift zur Hundertjahrfeier" der Schule im Jahre 1961, sowie ein Jahresbericht 1962 und 1 Satz Pläne."

Die voraussichtlichen Baukosten wurden mit 4,7 Millionen DM veranschlagt.

In den nächsten Jahren platzte das Haus am Himmelsberg aus allen Nähten. Die Schülerzahl stieg stetig an, 1963 lag sie bereits bei 503, was dazu führte, dass sechs Klassen mit 211 Schülern in die Landwirtschaftliche Berufsschule an der Grinsardstraße, die so genannte „Maerckerschule", ausgelagert werden mussten.

Grundsteinlegung am 25. Mai 1962
in Anwesenheit von Oberbürgermeister Munzinger und
Kultusminister Orth (1. und 2. v.l.)

Der Hofenfelspark 1890

1964...

...wurde in Zweibrücken eine staatliche Realschule eingerichtet, die ihren Unterricht am 7.4.1964 mit drei Klassen provisorisch in den Gebäuden der Berufsschule und der Pestalozzischule aufnahm. Als endgültiger Standort war zunächst das durch den Neubau frei werdende Haus des Neusprachlichen Gymnasiums am Himmelsberg vorgesehen, das aber für ungeeignet befunden wurde, da man von Seiten des Ministeriums und der Stadt auf eine Zusammenarbeit zwischen Realschule und Neusprachlichem Gymnasium setzte. Der Weg zu einer gemeinsamen Orientierungsstufe war damit vorgezeichnet.

Im selben Jahr wurde die dritte Fremdsprache in den Klassen 9 bis 12 vom Pflichtfach zum Wahlfach erklärt.

Am 20. August berichtete „Die Rheinpfalz" über Arbeiten im Neubau des Neusprachlichen Gymnasiums:

„Schüler helfen ihre Schule gestalten
Kein Werkstoff ist zu ausgefallen, kein Entwurf zu abstrakt, als daß er nicht von Frau Hedwig Beilhack und ihren Schülern aus der Mittel- und Oberstufe des Neusprachlichen Gymnasiums bei ihrer Arbeit verwendet würde. Seit Ferienbeginn sind Frau Beilhack und einige Schüler zweimal wöchentlich zusammengekommen, um freiwillig und gemeinsam Arbeiten anzufertigen, die einmal die neue Schule zieren sollen.
In der neuen Schule am Hofenfelspark sind über den Türen - 35 an der Zahl - Aussparungen gelassen worden in einer Größe von 92 auf 102 Zentimeter. In diese Aussparungen sollen Platten eingelegt werden, die mit Arbeiten der Schüler geschmückt sind. So gewinnt das neue Schulhaus eine eigene Note und den Schülern ist die Möglichkeit gegeben, ihre künstlerischen Talente zu entwickeln und ihnen freien Lauf zu lassen. Tafeln werden deshalb als Untergrund benutzt, damit zu einem späteren Zeitpunkt immer wieder neue Arbeiten eingesetzt werden können."

Einige der „Urtafeln" sind noch heute an ihrem Platz.

Die Schule im Rohbau...

...und einige Jahre später

1965...

...war es dann so weit: Bereits nach den Weihnachtsferien konnte der Unterricht im neuen Hauptgebäude aufgenommen werden, die Sportstätten wurden etwas später fertig. Am 22. Mai fand in Anwesenheit von Kultusminister Dr. Orth und Oberbürgermeister Munzinger in der Aula der Festakt zur feierlichen Einweihung statt.
Die Gesamtkosten für den Neubau beliefen sich auf rund 7 Millionen DM.
Wer aber nun gemeint hatte, das Thema Raumnot sei mit 45887,51 m³ umbautem Raum auf 5561,34 m² überbauter Fläche endgültig behoben, der musste sich schon in der Festansprache des Schulleiters Dr. Carius unter der Überschrift „Schule im Umbruch" eines Besseren belehren lassen: Er sagte unter anderem:

„Die Schülerzahl wird an unserem Gymnasium, das für 600 Schüler geplant und ausgeführt wurde, schon im nächsten Jahr, auch unter der Voraussetzung, daß wiederum nur drei Eingangsklassen eingerichtet werden müssen, die Zahl 700 weit übersteigen; die Klassenräume des neuen Gebäudes werden schon dann an Zahl und Größe nicht mehr dem Bedarf entsprechen. Fast alle Klassen dieses Schuljahres liegen in ihrer Stärke an der äußersten Grenze der vorgeschriebenen Meßzahlen 44 für die Unter-, 40 für die Mittelstufe, 35 für Obersekunda und 25 für die Primen."

Der vollständige Redetext findet sich in der Festschrift zur Einweihung 1965.

Im „Jahresgruß 1966" berichtet Dr. Carius von weiteren Plänen für eine Zusammenarbeit mit der Realschule:
„Ins Schuljahr 1965/66 fiel auch die Entscheidung für ein Schulzentrum an der Zeilbäumerstraße...Die Verbindung mit der Realschule wird die Einrichtung der gemeinsamen Beobachtungsstufe ermöglichen; dem Beschluß des Melanchthonvereins, die Verlegung seines Heimes in das entstehende Schulzentrum zu erstreben, entspricht das Bemühen der Schule um eine Tagesheimstätte."

Die Aula 1965

Luftaufnahme von Schule und Schulgelände

Das Lehrerkollegium 1965

Blick ins Lehrerzimmer 1965

1966...

...bekam die Schule wieder einmal einen neuen Namen: Sie hieß nun nicht mehr nur „Staatliches Neusprachliches" sondern „Staatliches Neusprachliches und Mathematisch-Naturwissenschaftliches Gymnasium". Hinter dieser Erweiterung verbarg sich die Umsetzung der Rahmenvereinbarung der Kultusminister der Länder: Während sich bisher die Schüler schon in der Eingangsklasse mit der Wahl des Schultyps auf den sprachlichen oder naturwissenschaftlichen Schwerpunkt festlegten, musste diese Entscheidung nun erst nach der 10. Klasse getroffen werden. Im naturwissenschaftlichen Zweig wurde auf der Oberstufe die zweite Fremdsprache in Unter- und Oberprima nur noch als freiwilliges Unterrichtsfach weitergeführt, an ihre Stelle trat Physik als vierstündiges Kernfach, das neben Deutsch, Mathematik und der ersten Fremdsprache dann auch im schriftlichen Abitur geprüft wurde.

Und es gab eine weitere Reform: Das Schuljahr sollte bundesweit nicht mehr vor den Osterferien, sondern vor den Sommerferien enden. Zu diesem Zweck verfügten die Ministerpräsidenten zwei Kurzschuljahre: das erste vom 2. April 1966 bis zum 30. November 1966, das zweite vom 1. Dezember 1966 bis zum 12. Juli 1967. Der Lehrstoff wurde um 20% gekürzt, die Zahl der Klassenarbeiten um ein Drittel reduziert.

In Sachen Schulreform engagierte sich auch Schulleiter Dr. Carius: Von Juni 1966 bis Herbst 1967 war er als Dezernent ins Kultusministerium abgeordnet und erarbeitete, wie im „Jahresgruß 1966" angedeutet, in dieser Zeit federführend den Erlass über die Einrichtung der Eingangsstufe, die später Orientierungsstufe genannt wurde. Ein Jahr später wurde dieser Erlass zur Verordnung. Vom Schuljahr 1967/68 an bildeten an Gymnasien und Realschulen die 5. und 6. Klasse eine Einheit ohne Versetzungsentscheidung. Am Ende dieser Orientierungsstufe erhielten alle Kinder von der jeweiligen Klassenkonferenz eine Empfehlung für die weitere Schullaufbahn.

IM SELBEN JAHR...

...beschritt die Schule neue Wege im Fremdsprachenunterricht: Ein so genanntes Sprachlabor wurde eingerichtet. Der „Pfälzische Merkur" stellte es in seiner Ausgabe vom 13. Juli vor:

„Dreißig Schülerinnen und Schüler kommen in den Klassenraum zum Sprachunterricht. Sie setzen sich jedoch nicht an normale Tische, sondern nehmen Platz in Kabinen und setzen sich einen Kopfhörer auf. Mit der einen Hand bedienen sie nun ein Tonbandgerät und mit der anderen Hand rücken sie sich das Mikrofon zurecht. Der Lehrer nimmt an einem großen Schaltpult Platz. Von dort aus spielt er ein Programm in alle Kabinen, das Pausen enthält. In diesen Pausen muß der Schüler das Gehörte wiederholen oder beantworten. Beides, Programm und Antwort, wird auf das Lernband, das jeder Schüler vor sich hat, gespielt und kann abgehört werden...
Das Sprachlabor kostet 53000 DM, die vom Land Rheinland-Pfalz bezahlt werden...Die Anschlußkosten in Höhe von 3000 DM hat die Stadt übernommen. Bisher gibt es fünf solcher Sprachlabors in Rheinland Pfalz, zwei davon stehen in Mainz...
Der Hauptvorteil dieses Labors ist folgender: Alle Schüler sprechen dauernd, während im bisherigen Unterricht jeweils nur einer sprechen kann, die Hemmungen der Schüler fallen fort, der Schüler kann sich selbst kontrollieren, phonetisch und grammatisch."

Wegen anderer, mehr auf Kommunikation untereinander zielender Ausrichtung des Fremdsprachenunterrichts und neuer medialer Möglichkeiten, ging die Zeit des Sprachlabors in den 80er-Jahren allmählich zu Ende.

1969...

...wurde die seit längerem geplante gemeinsame Eingangsstufe von Neusprachlichem Gymnasium und Realschule in die Tat umgesetzt: Am 28. August nahmen die ersten sieben Klassen den Unterricht auf, aus Platzmangel im Gymnasium und wegen des noch nicht fertiggestellten Neubaus der Realschule zunächst in den Räumen der Maerckerschule.

In diesem Jahr erhielten die Abiturientinnen und Abiturienten für lange Zeit zum letzten Mal im Rahmen einer Feierstunde ihre Zeugnisse. Dem kritischen Zeitgeist folgend holten sie sich auf eigenen Wunsch in den Folgejahren die Bestätigung ihrer Reife nur noch in der ungeschmückten Aula oder auf dem Sekretariat ab.

Erst der Abiturjahrgang 1982 äußerte wieder den Wunsch, feierlich verabschiedet zu werden.

Zum ersten Mal qualifizierte sich eine Schulmannschaft des Neusprachlichen Gymnasiums als beste des Landes für das Bundesfinale von „Jugend trainiert für Olympia" in Berlin. Die von Sportlehrerin Eleonore Knoll betreuten Leichtathletinnen belegten dort den fünften Platz.

Eckhard Loch und Heinz Heller, Pädagogische Leiter der Gemeinsamen Orientierungsstufe, im Gespräch mit den Schulleitern Richard Scherer und Dr. Wolfgang Carius

1970...

...bezog die Realschule ihr neues Domizil an der Zeilbäumerstraße, alle sieben ausgelagerten Klassen der Gemeinsamen Eingangsstufe wurden dort untergebracht. Dieses Gebäude musste, noch keine 40 Jahre alt, inzwischen selbst wieder einem Neubau weichen.

Im Neusprachlichen Gymnasium diskutierte man weitere Veränderungen:
Thema einer Gesamtkonferenz war am 26. Februar in Anwesenheit eines Vertreters des Kultusministeriums die Umwandlung in eine Ganztagsschule unter Einbeziehung des mittlerweile abgerissenen französischen Kasinos gegenüber der Schule an der Zeilbäumerstraße, wohin das Melanchthonheim verlegt werden sollte, und des oberhalb gelegenen Hotels.
Der Plan scheiterte am Einspruch der Bundesvermögensverwaltung, der Eigentümerin beider Gebäude.
Um besonders Begabten einen schnelleren Weg zum Abitur zu ermöglichen, richtete man eine sogenannte Schnellzugklasse ein, in der man die Mittelstufe in drei statt in vier Jahren durchlaufen konnte. Eine solche Klasse sollte es nur im nächsten Jahr noch einmal geben.
Zum 1. März wurde der Schule als einer der wenigen in Rheinland-Pfalz die Stelle eines technischen Assistenten zugewiesen und mit Arnulf Scheerer besetzt.

Das „Französische Casino" vor dem Abriss

1973...

...erklärt und kommentiert Schulleiter Dr. Carius in „Gestern und heute" einige der bereits eingeführten oder noch geplanten Neuerungen:

„Die gemeinsame Eingangsstufe bringt den Vorteil mit sich, daß bei der Anmeldung Eltern und Schüler noch nicht entscheiden müssen, ob der Besuch des Gymnasiums oder der Realschule gewünscht wird. Diese Entscheidung ist erst nach enger Beratung der Erziehungsberechtigten...und einer abschließenden Empfehlung der Klassenkonferenz zu Ende der 6. Klasse fällig...In diesem Zusammenhang ist interessant, daß schon beim ersten Jahrgang der gemeinsamen Eingangsstufe über 88% der Eltern dem von der Klassenkonferenz gegebenen Rat folgten...
Da uns die Betreuung der Schüler in der Eingangsstufe zur Hälfte obliegt, wird statistisch auch die Hälfte der Klassen der Eingangsstufe dem Gymnasium zugerechnet. Zusammen mit dieser halben Schülerzahl der Eingangsstufe besuchen z.Zt. 1023 Schülerinnen und Schüler unsere Schule (mehr als doppelt so viel wie 1962!), davon 479 Jungen und 544 Mädchen. Durch die Unterbringung der gemeinsamen Eingangsstufe im Neubau der Realschule reichen die Räumlichkeiten gerade noch aus; allerdings hat in diesem Jahr die SMV (Schülermitverantwortung) auf den ihr zustehenden Raum verzichten müssen, und auch ein Bibliotheksraum mit Arbeitsplätzen für Schüler und Lehrer ist nicht vorhanden...Hat sich die Schule in früheren Jahren bemüht, einzelnen begabten Schülern das Überspringen einer Klasse zu ermöglichen, so bot die höhere Schülerzahl in drei Klassenstufen die Möglichkeit, Sonderklassen einzurichten, die die Mittelstufe um ein Jahr verkürzt durchlaufen. Ob diese Einrichtung fortgeführt wird, ist fraglich, da in Zukunft jeder Schüler die Oberstufe in zwei oder drei Jahren abschließen kann. Ein doppelter Zeitgewinn wird jedoch schon im Hinblick auf den natürlichen Reifegrad kaum möglich sein."

1974...

...erreichte die nächste Reform das Neusprachliche Gymnasium: Zum neuen Schuljahr wurde die rheinland-pfälzische Version der 1972 von der Kultusministerkonferenz beschlossenen reformierten Oberstufe eingeführt: die Mainzer Studienstufe.
Auch sie hatte Dr. Carius in seinem eben zitierten Beitrag für „Gestern und heute" angekündigt:
„Im Augenblick bereitet sich die Schule auf die Einführung der neuen Oberstufe, eben des genannten Kurssystems, vor. Dieses wird die Schulwirklichkeit so verändern, daß sie dem Außenstehenden, der es nicht an den eigenen Kindern erlebt, vorerst nicht verständlich und durchsichtig sein wird. Da es keine Klassen und keine Unterscheidung der Schultypen auf der Oberstufe mehr gibt, wählt jeder Schüler aus einem vorgegebenen Rahmen seine Fächer aus, die er in Halbjahreskursen absolviert. Die Ergebnisse im Reifezeugnis resultieren weitgehend aus den Punkt-Gutschriften, die er in den Kursen der gesamten Oberstufe ansammelt (Kreditsystem)."
Unsere Schule war auch hier Vorreiterin: Die beiden anderen Zweibrücker Gymnasien führten die Mainzer Studienstufe erst ein Schuljahr später ein.

Und noch etwas war neu: Es begann die Diskussion über die Fünf-Tage-Woche für Schüler.
In einem ersten Schritt war vom Schuljahr 1974/75 an jeweils der zweite Samstag eines Monats unterrichtsfrei, die ausfallende Zeit wurde durch drei 60-minütige Unterrichtsstunden an den übrigen Samstagen aufgefangen.

Dr.Carius mit Kultusministerin Hanna-Renate Laurien

1975...

...interessierte sich der „Pfälzische Merkur" besonders für die Themen der schriftlichen Prüfung im Fach Deutsch, mit der das Abitur für 86 Abiturienten, 49 Mädchen und 37 Jungen, begann.

Am 15.4. schrieb er:

„Am Neusprachl. und math.-naturwissenschaftlichen Gymnasium hatten die Abiturienten in der ersten Aufgabe, die zur Auswahl stand, zu einer besonderen Problematik Stellung zu beziehen: „Mit Hilfe der modernen Technik können Ärzte heute den Tod manipulieren und Leben verlängern - oft nur eine Verlängerung von Qualen. Ist Sterbehilfe ein Akt der Humanität oder Mord?"...
Aus der Welt des Journalismus war das dritte Auswahlthema für die Klassen 13c und 13d, wobei zu einem Zeitungsbericht „Für Mütter sollte der Beruf an zweiter Stelle kommen", Stellung bezogen werden konnte. Die Aufgabenstellung lautete: „Geben Sie in eigenen Worten die Hauptgedanken des Artikels wieder und erläutern Sie sie. Entscheiden Sie sich als künftiger „Elternteil", ob Sie die angesprochenen Forderungen akzeptieren oder für die Frau die Emanzipation und Selbstverwirklichung durch den Beruf voranstellen würden."

Im selben Jahr bestanden am Helmholtz-Gymnasium 31, am Herzog-Wolfgang-Gymnasium 18 Schülerinnen und Schüler das Abitur.

Von 1. Januar 1975 an war nun auch wieder, wie bereits von 1912 bis 1960, die Stadt Zweibrücken Sachkostenträger der Schule. Die Schulaufsicht, seit 1960 vom Mainzer Kultusministerium wahrgenommen, wechselte am 1. Juni zur Bezirksregierung in Neustadt, der heutigen ADD.

1976...

...konnte man in „Gestern und heute" die von der Stadt Zweibrücken angestoßene Debatte über den künftigen Namen unserer Schule verfolgen. Als mögliche Namenspatrone standen der Schriftsteller Erich Kästner und der Freiherr von Hofenfels zur Wahl. Man entschied sich für Hofenfels (1744 - 1787), den Diplomaten im Ministerium des Zweibrücker Herzogs Karl II. August und einstigen Besitzer des Grundstücks und Parks, auf dem der Neubau unserer Schule entstand.

In der Festschrift zum 125-jährigen Bestehen schreibt Hans Ammerich, Historiker und Ehemaliger unserer Schule, unter der Überschrift „Es wäre ein Zeichen von Schwäche, verzweifeln zu wollen", über ihn:

„Das von den Großmächten Preußen, Österreich, und Frankreich umworbene Fürstentum Pfalz-Zweibrücken war in den letzten Jahrzehnten des 18. Jahrhunderts zu einer wichtigen Figur auf dem Schachbrett der europäischen Diplomatie geworden, weil Herzog Karl II. als Erbe des bayerischen Kurfürsten Karl Theodor die Anwartschaft auf Pfalzbayern, den drittgrößten deutschen Staat, besaß. Daß der Herzog von Pfalz-Zweibrücken diese politische Rolle gespielt hat, ist vor allem das Verdienst von Johann Christian Freiherr von Hofenfels gewesen, jenes integren Staatsmannes, den Friedrich der Große und der preußische Kronprinz, aber auch die französischen Außenminister sehr geschätzt, Karl Theodor und der Wiener Hof aber gehaßt haben.

Für Hofenfels..., der - bevor er 1776 geadelt wurde - Simon hieß und ältester Sohn eines lutherischen Pfarrers war, bedeutete der Adelsname ein Programm, nämlich „Dem Hof ein Fels" zu sein...32-jährig wurde er in das Ministerium Karls II. berufen und blieb dort bis zu seinem Tode im Juli 1787 dem Minister Ludwig Freiherr von Esebeck untergeordnet...bestimmte jedoch für rund ein Jahrzehnt trotz vieler Widerstände den außenpolitischen Kurs des kleinen Staates.

Hofenfels, der die Unterstützung Friedrichs des Großen gewann, war es zuzuschreiben, daß Karl Theodor daran gehindert wurde, 1778/79 einen erheblichen Teil Bayerns an Österreich abzutreten."

Johann Christian von Hofenfels auf einem Gemälde von Anton Graff aus dem Jahre 1783

Wohnhaus der Familie Hofenfels in der Pirmasenser Straße. Heute steht dort die ehemalige Lagerhalle der Parkbrauerei

1977...

...bekam die Schule in einer Feierstunde am 29. Januar nicht nur einen neuen Namen - von nun an hieß sie „Staatliches Hofenfels-Gymnasium" - , auch neue Räume, auf die Bedürfnisse der neugestalteten Oberstufe abgestimmt, wurden ihrer Bestimmung übergeben: Es waren dies drei zusätzliche Kursräume im oberen Geschoss, der MSS-Aufenthaltsraum sowie der Filmsaal und die Bibliothek; die beiden letzteren wurden durch Umbauung eines Lichthofs gewonnen.

Am 25. Januar meldete der „Pfälzische Merkur":

„Das Raumproblem vollständig gelöst"

Er sollte nicht Recht behalten, wie wir heute wissen. Die Raumnot blieb Thema.

Unter den Abiturpreisträgern dieses Jahres finden sich zwei, die heute als Lehrer am Hofenfels-Gymnasium tätig sind: Den Preis für besondere Leistungen auf künstlerischem Gebiet erhielt Matthias Wolf, einen für besondere naturwissenschaftliche Leistungen Jürgen Knoll.

Überhaupt ist das Hofenfels-Gymnasium bis auf den heutigen Tag eine Schule, an die viele Ehemalige als Lehrkräfte zurückgekehrt sind. Neben den oben genannten Jürgen Knoll und Matthias Wolf sind dies: Anette Ackermann-Heisler, Judith Bermes-Franke, Waltraud Finkler, Christiane Freimann, Karin Heitmann, Bettina Kammenhuber, Willi Knoth, Christof Loch, Elisabeth Schanding-Wirtz, Klaus Velten und Silke Weingart.
Auch in der Bibliothek und im Sekretariat arbeiten mit Anne Morgenthaler und Jutta Kennerknecht ehemalige Schülerinnen.

1978...

...fand der Namensgeber unserer Schule einen Platz im Gebäude: Am 25. November wurde die von Professor Otto Kallenbach aus Trippstadt geschaffene Hofenfels-Büste enthüllt und der Schule übergeben. Die Bronze-Büste war vom Land Rheinland-Pfalz mit Unterstützung des Bundes der Pfalzfreunde in Bayern erworben worden. Sie steht zwischen Lehrerzimmer und Sekretariat.

Im selben Jahr wurde die Partnerschaft zwischen unserer Schule und dem Lycée Augustin Thierry in Blois geschlossen. Ausdruck fand diese deutsch-französische Jumelage unter anderem in der Herausgabe der zweisprachigen Schülerzeitung „Kontakt", die es bis 1981 auf immerhin zehn Ausgaben brachte.

Übergabe der Hofenfels-Büste durch
Ministerialrat Berthold Roland

1980...

...konnte man am Hofenfels-Gymnasium zum ersten Mal seit 15 Jahren auch wieder Französisch als erste Fremdsprache wählen.
Im Zuge der Lehrplanreform hatte das Ministerium schon 1960 verfügt, dass für die neusprachlichen und naturwissenschaftlichen Gymnasien dieselbe Sprachenfolge gelten solle: mit Englisch als erster Fremdsprache.
Unserer Schulleitung gelang es, in Mainz eine Sondergenehmigung zu erwirken: Wegen der Grenzlage Zweibrückens durfte jeweils eine der Eingangsklassen Französisch als erste Fremdsprache anbieten. Diese Regelung wurde bis zum Schuljahr 1963/64 in die Praxis umgesetzt, da aber immer weniger Schüler das Angebot wahrnahmen, war vom Schuljahr 1964/65 an Englisch die einzige erste Fremdsprache am Neusprachlichen Gymnasium.
Zum Pflichtprogramm der Abiturienten zählten bis 1965 noch drei Fremdsprachen: Die zweite setzte in der siebten, die dritte in der 9. Klassenstufe ein.

Ebenfalls 1980 nahm eine weitere Tradition ihren Anfang. Schon immer war die Schule mit Konzerten und Theateraufführungen an die Öffentlichkeit getreten; jetzt wagte man sich an die Einstudierung eines Musicals: Jesus Christ - Superstar.
Unter Leitung von Musiklehrer Manfred Müller hatten die „Yardrockers", die Pop-Gruppe des Hofenfels-Gymnasiums, schon 1979 Ausschnitte aus Andrew Lloyd Webbers Rock-Oper gezeigt, jetzt gingen sie mit dem kompletten Stück auf Tournee: 7. März Mainz, 9. März Simmern, 14. März Pirmasens, 26. März Zweibrücken, 28. März Dahn, 20. Juni Koblenz, 27. Juni noch einmal Zweibrücken.

Im selben Jahr führte die Theatergruppe der Schule in der Regie von Ingrid Olfmann „Die Physiker" von Dürrenmatt auf, im Dezember fand unter der Stabführung von Iwer Rosenboom in der Alexanderskirche ein Weihnachtskonzert unter Beteiligung von Schülern, Eltern, Lehrern und Ehemaligen statt.

Jesus Christ - Superstar

Weihnachtskonzert in der Alexanderskirche

1981...

...stand am Hofenfels-Gymnasium im Zeichen der Literatur.

Waren 1978 und 1979 Walter Kempowski und F.C. Delius auf Einladung des Literarischen Arbeitskreises aus Eltern, Lehrern und Schülern zu Gast im Hofenfels-Gymnasium, so kam im Dezember 1981 Günter Grass und stellte in der Aula sein neuestes Buch „Kopfgeburten oder Die Deutschen sterben aus" vor.

Schüler und Lehrer beschränkten sich aber nicht nur auf die Rolle der Zuhörenden und Lesenden, sondern wurden in Sachen Literatur auch selbst aktiv: Am 20. März veranstalteten mehr als 150 Mitwirkende ab 14 Uhr bis in den Abend hinein in allen Räumen des Hauses eine „Literaturparty".

Im Einladungsschreiben hieß es.

„... Dabei wird Literatur in den verschiedensten Darbietungsformen zur Aufführung bzw. Ausstellung kommen. Das Angebot reicht von Theaterstücken für Kinder über selbstproduzierte Hörspiele, französische Szenen und Gedichte, Video-Filme, moderne Sprechstücke und vieles andere mehr bis zur abschließenden, abendfüllenden Komödie von Ephraim Kishon...ergänzt wird die Veranstaltung durch Karikaturen- und Buchausstellungen...sowie durch Kammermusik und Jazztanz-Einlagen."

Literatur und Literaten blieben am und mit dem Hofenfels-Gymnasium auch weiterhin im Gespräch. In den folgenden Jahren waren unter anderem Tilman Röhrig, Gabriele Wohmann, Martin Walser, Erich Fried und Gudrun Pausewang zu Lesungen und Diskussionen in der Schule.

1982...

...schrieb Karlheinz Dettweiler über die Abiturientenfeier am Hofenfels-Gymnasium:

„Geradezu bewegt waren die zahlreichen Besucher der Abiturientenfeier des Hofenfels-Gymnasiums: Zum erstenmal seit vielen Jahren äußerten die einhundert jungen Abiturientinnen und Abiturienten den Wunsch, nach alter Tradition in angemessener und würdiger Form und in Anwesenheit ihrer Eltern und Freunde von ihrer Schule verabschiedet zu werden. Oberstudiendirektor Dr. Wolfgang Carius wertete diesen ungewöhnlichen Wunsch denn auch als Zeichen einer erfreulichen positiven Wertung des gemeinsamen Erziehungs- und Bildungsergebnisses der Schule..."

Schriftsteller Walter Kempowski in der Bibliothek

1983...

...hielt mit der Informatik der Computer Einzug ins Hofenfels-Gymnasium. „Die Rheinpfalz" schrieb:
„*Durch einen Akt nicht unbedingt selbstverständlicher Solidarität gelangte das Hofenfels-Gymnasium jetzt in den Besitz einer Computer-Anlage, wodurch ab dem Schuljahr 83/84 praxisorientierter Unterricht im Fach Informatik möglich geworden ist. Das Interesse der Schüler an dieser technischen Errungenschaft, die fast unbemerkt in viele Bereiche unseres menschlichen Zusammenlebens eingedrungen ist, erwies sich nach Ankündigung des neuen innerschulischen Projektes als so groß, daß im ersten Anlauf bereits genügend Meldungen zur Einrichtung zweier kompletter Grundkurse im Rahmen der gymnasialen Oberstufe eingingen.*
Da nun aber die Kassen der öffentlichen Haushalte bekanntlich von Auszehrung betroffen sind, wäre ein solch kostenaufwendiges Vorhaben derzeit keineswegs zu verwirklichen gewesen, wenn nicht alle Fachbereiche des Hofenfels-Gymnasiums auf die von ihnen beantragten und für das kommende Schuljahr fest eingeplanten Etatmittel freiwillig zugunsten der gewünschten Computeranschaffung verzichtet hätten. Dazu kam, daß der Bund der Ehemaligen den noch verbleibenden Restbetrag von 4000 DM durch eine großzügige Spende deckte. Oberbürgermeister Werner von Blon würdigte den Vorgang als hervorragenden Beweis eines funktionierenden schulischen Gemeinschaftsbewußtseins und ließ allen Beteiligten Dank und Anerkennung übermitteln.
Bei der neuen Anlage...handelt es sich um zwei Mikrocomputer des Typs Apple II E mit je zwei Diskettenlaufwerken und einem Matrixdrucker."

Karl-Heinz Alles begrüßte die Einführung des neuen Faches in „Gestern und heute 1983 bis 1985", fand aber auch kritische Worte:
„Warnen muß man allerdings auch vor dem Euphorismus mancher Befürworter des Faches, die den Rechner als das Nonplusultra für alle Disziplinen betrachten und die, wie so oft bei Neuerungen, über das Ziel hinausschießen und den Rechnereinsatz schon für die Grundschule propagieren."

1984...

...ging Dr. Wolfgang Carius am 5. April auf eigenen Wunsch aus gesundheitlichen Gründen vorzeitig in Ruhestand. „Die Rheinpfalz" würdigte ihn:

„...24 Jahre hat der 58jährige den Kurs des Hofenfels-Gymnasiums bestimmt. Dr. Carius war gerade 34 Jahre alt, als ihm 1960 als einem der jüngsten Oberstudiendirektoren die Leitung der Schule übertragen wurde.
Vorausgegangen war für den 1925 in Bubenhausen geborenen Pädagogen Schulzeit und ein Studium in Freiburg (Breisgau), das er 1950 mit der Promotion zum „Dr. phil. summa cum laude" über Friedrich Nietzsche abschloß. Ehe er 1955 ans Hofenfels-Gymnasium versetzt wurde, unterrichtete er drei Jahre lang am Nordpfalzgymnasium Kirchheimbolanden. Seine Fächer: Deutsch, Latein und Geschichte.
Seine Vorstellungen hat Dr. Carius in den Hofenfels-Neubau eingebracht, der 1965 fertiggestellt wurde. Als Schulleiter sorgte er dafür, daß das Gebäude mit Leben erfüllt wird. Die Lehrer bescheinigten ihm einen stets reibungslos ablaufenden „Schulbetrieb". Zäh kämpfte Dr. Carius mit der Bezirksregierung, wenn es um die Versorgung der Schule mit Lehrern ging. Unermüdlich galt sein Einsatz außerschulischen Veranstaltungen. Zu besonderen Höhepunkten wurden die Sommerfeste und Musikdarbietungen wie Rock-Oper oder Kirchenkonzert. Als junger Lehrer hatte Carius Theateraufführungen selbst inszeniert und so wundert es nicht, daß er auch als Schulleiter gerade den musischen Sektor besonders förderte, wobei er den sportlichen Bereich nicht vergaß. Sein besonderes Augenmerk galt Schullandheimaufenthalten und Studienfahrten.
Mit Engagement vertrat er in den ersten Jahren das Wagnis der gemeinsamen Orientierungsstufe zwischen Hofenfels-Gymnasium und Realschule, inzwischen fester Bestandteil im Zweibrücker Schulleben..."

Bis zum 1. März 1985 leitete dann Studiendirektor Robert Vollmar, der Stellvertreter von Dr. Carius, kommissarisch die Schule.

1985...

...wurde am 1. März Dieter Höhle Nachfolger von Dr. Carius. Der „Pfälzische Merkur" schrieb aus diesem Anlass:

„...*Die Begrüßung des neuen Schulleiters hatte Robert Vollmar vorgenommen, der daran erinnerte, daß mit Dieter Höhle erst der dritte Direktor des Hofenfels-Gymnasiums seit 1950 eingeführt werde. Er sprach die Hoffnung aus, daß diese Kontinuität gewahrt bleibe. Bezogen auf die Schule rief er auf, sich auf eine humane Schule rückzubesinnen, eine „Schule mit Herz", in der die Schüler das wichtigste sind. Eigentlich eingeführt wurde der neue Schulleiter dann von Regierungsschuldirektor Götz Morasch. Er verwies auf die „reichen pädagogischen Erfahrungen" von Dieter Höhle, die dieser beim Aufbau zweier Integrierter Gesamtschulen, zuletzt im Hunsrückstädtchen Kastellaun, gewonnen habe...*
Oberbürgermeister Werner von Blon erklärte dem neu angekommenen Schulleiter, daß er in eine schulfreundliche Stadt komme...Dem Hofenfels-Gymnasium versprach Werner von Blon 900 000 DM zur Renovierung. 500 000 DM sollen es im nächsten Jahr sein, 400 000 dann 1987..."

Im selben Jahr fand auch an der Spitze des Bundes der Ehemaligen und Freunde ein Wechsel statt: Die Generalversammlung wählte am 26. März Dr. Christoph Erhard als Nachfolger von Wilfried Hub zum Ersten Vorsitzenden.

Ebenfalls 1985 verstarb im 88. Lebensjahr die frühere Schulleiterin, Frau Oberstudiendirektorin i.R. Dr. Wilhelmine Gölz. Testamentarisch vermachte sie der Schule einen erheblichen Teil ihres Vermögens zur Errichtung der „Stiftung Gölz". Als Stiftungszweck legte sie fest, „*...bedürftige Schüler (-innen) des Staatlichen Hofenfels-Gymnasiums in Zweibrücken, Zeilbäumerstraße 1, zu unterstützen.*"

Schulleiter Dieter Höhle

22. Mai 1985:
Drei-Direktoren-Treffen:
Dr. Wilhelmine Gölz,
Dr. Wolfgang Carius,
Dieter Höhle

Vorstandssitzung des Bundes der Ehemaligen mit Erika Loch, Sonja Euskirchen, Dr. Christoph Erhard, Gerhard Rinner und Carla Fabbri (v.l.n.r.)

1986...

...feierte das Hofenfels-Gymnasium 125-jähriges Bestehen. In seinem Grußwort schrieb der damalige Kultusminister Dr. Georg Gölter in der anlässlich des Jubiläums herausgegebenen Festschrift unter anderem:

„*Schulgeschichte spiegelt immer auch Zeitgeschichte wider. Am Beispiel eines einzelnen Gymnasiums läßt sich der Wandel der bildungs- und gesellschaftspolitischen Aufgaben der Schule klar ablesen. Das heutige Hofenfels-Gymnasium wurde gegründet als private „Höhere Töchterschule". Rund 50 Jahre behielt es diese heute vielleicht etwas belächelte Bezeichnung bei. Aber vergessen wir nicht, daß mit solchen Schulen für die „höheren Töchter" eine Art Bildungsrevolution begann; die Eröffnung von Bildungschancen für Frauen war der erste Schritt auf dem Wege ihrer politischen und gesellschaftlichen Gleichstellung mit den „Herren der Schöpfung". Aus der Höheren Mädchenschule von 1913 wurde 1924 das Mädchenlyzeum; die Eindeutschung 1938 in „Oberschule für Mädchen" spiegelt den Zeitgeist wider. Nach 1945 wurde aus der Mädchenoberrealschule schließlich das Städtische Neusprachliche Gymnasium mit Frauenoberschule-Mittelstufe. Der aus der Zeit heraus zu verstehende Artikel 32 der rheinland-pfälzischen Landesverfassung, der vorschreibt, daß beim Aufbau des Schulwesens der „Eigenart der männlichen und weiblichen Jugend Rechnung zu tragen" sei, fand so seine Umsetzung in den schulischen Alltag. Die veränderte Auffassung von „Mädchenbildung" führte schließlich dazu, daß das Gymnasium ab 1960 zu einem „ganz normalen" Neusprachlichen, später Neusprachlichen und Mathematisch-Naturwissenschaftlichen Gymnasium wurde...*"

Die Schulleitung im Jubiläumsjahr 1986: Otto Graßhoff, Dieter Höhle und Robert Vollmar (v.l.n.r.)

Das Lehrerkollegium 1986

AM ENDE DES JAHRES...

...konnte Dieter Höhle auf eine Fülle von Jubiläums-Veranstaltungen in seiner Schule zurückblicken:

„Herausgabe der Festschrift. Das bewährte Redaktionsteam hat inzwischen auch die Erstellung der „Chronik" gemeinsam mit dem „Bund der Ehemaligen und Freunde des Hofenfels-Gymnasiums" übernommen.
Präsentation der Festschrift und Taufe des Jubiläumsweines „Hofenfelser Streblaus" in einem Prolog als Auftakt der Jubiläumsfeierlichkeiten
Kunstausstellung mit Werken Ehemaliger und Fotoausstellung während des Festwochenendes
Schulkonzert von Chor und Orchester unserer Schule, das die ganze Breite des musikalischen Schaffens bewies (Klassisches und „Showriges")
Treffen der Ehemaligen (jahrgangsweise in Zweibrücker Gaststätten)
Festgottesdienst in der Alexanderskirche unter Mitwirkung von Ehemaligen und des Schulchores
Festakt in der Aula mit einem Grußwort von Frau Staatssekretärin Rickal und einer Diskussionsrunde von ehemaligen und derzeitigen Schülern (Mitwirkung des Schulorchesters)
Großer Ehemaligenabend in unserer Aula mit Aufführung von Teilen einer literarischen Revue „Mit dem Klingelzeichen ist nichts zu Ende". Die Revue wurde von Lehrern des Hofenfels-Gymnasiums geschaffen und von Schülern, ehemaligen und aktiven Lehrern dargeboten
Konzertabend in der Aula mit den ehemaligen Schülerinnen Charlotte Lehmann und Ursula Fuhrmann sowie mit Helmut Hirschburger
Jubiläumsparty für die derzeitigen Schüler, Eltern und Lehrer mit Aufführung der vollständigen Revue (vorbereitet vom Elternbeirat, der SMV und dem Bund der Ehemaligen)
„Sport - Spiel - Spaß", eine sportliche Abendunterhaltung in der Westpfalzhalle"

Taufe des
Jubiläumsweins
„Hofenfelser Streblaus"
mit den Taufpaten
Christian Job
und Otto Graßhoff

Konzertabend mit
Ursula Fuhrmann
und Lotte Lehmann

Die „Ehemaligen"
Dr. Hilde Fritsch,
Annemarie Dehof
und Eleonore Knoll
als Mitwirkende
bei der Schulrevue

1987...

...erschien zum ersten Mal eine Jahres - „Chronik" - für das Schuljahr 85/86 -, der auch Dieter Höhles Jubiläums-Rückblick entnommen ist. Zum Redaktionsteam der ersten Stunde gehörten Sonja Euskirchen und Christoph Erhard für den Bund der Ehemaligen sowie Otto Graßhoff und Michael Dillinger für die Schule. Bis heute wurde in 25 Ausgaben „in Wort und Bild" über das jeweils zurückliegende Schuljahr und die Aktivitäten des „Bundes" berichtet.

In diesem Jahr veränderte sich die Schullandschaft in Zweibrücken entscheidend: Durch eine „in Vollzug des Schulgesetzes erlassene Organisationsverfügung des Kultusministeriums" wurde gegen starke Widerstände in Bevölkerung und Lehrerschaft das traditionsreiche, 1559 gegründete altsprachliche Herzog-Wolfgang-Gymnasium aufgelöst und mit dem Helmholtz-Gymnasium „verschmolzen".

Im „Rückblick" auf das Schuljahr 1987/88 lesen wir dazu:

„Da unser Gymnasium in räumlicher Distanz zur Stadtmitte angesiedelt ist, ergaben sich für uns keine unmittelbaren Wirkungen..., wenn man von der Tatsache absieht, daß wir in die Gemeinsame Orientierungsstufe acht statt bisher sechs oder sieben fünfte Klassen aufgenommen haben. Die „Talsohle" in der Schülerzahl, die durch den Geburtenrückgang seit ca. zwei Jahrzehnten bewirkt wurde, ist mittlerweile erreicht, so daß sich unser Standort im Zweibrücker Schulgefüge jetzt sicherer einschätzen läßt.
Wir sind ein personell und materiell gut ausgestattetes Gymnasium, in dem alle Voraussetzungen für eine gedeihliche Atmosphäre gegeben sind: Die Schulgröße ist mit ca. 800 Schülern noch für alle überschaubar und sollte auch in Zukunft nicht wieder wesentlich überschritten werden..."

Wie wir heute wissen, ist Dieter Höhles frommer Wunsch nicht in Erfüllung gegangen.

Die erste Chronik
Umschlaggestaltung Margarete Palz, unter Verwendung
eines Scherenschnittes von Hedwig Beilhack und eines
Motivs von Gernot Waldner

1988...

...stand am Hofenfels-Gymnasium ganz im Zeichen des Musicals SMIKE. Enthusiastisch berichtete der „Pfälzische Merkur":

„*Es ist nicht schwer, 100 Zeilen zu schreiben über die Premiere des Musicals Smike am Montag in der Aula des Hofenfels-Gymnasiums: Ich müßte nur die 200 namentlich erwähnen, die an diesem Projekt seit gut einem Jahr gearbeitet haben. Es ist nicht schwer, 100 Zeilen zu schreiben über die Premiere des Musicals Smike am Montag in der Aula des Hofenfels-Gymnasiums: Ich müßte nur die Geschichte dieses Projekts von seinen Anfängen im Frühjahr 1986 bis zum Oktober 1988 nacherzählen. Es ist nicht schwer, 100 Zeilen zu schreiben über die Premiere des Musicals Smike am Montag in der Aula des Hofenfels-Gymnasiums: Ich müßte nur jeden der 600 Zuschauer mit einem begeisterten Kommentar zu Wort kommen lassen. Es ist so leicht, das alles in einer Zeile zu schreiben: Don't let life get you down, laßt euch vom Leben nicht unterkriegen, so die Botschaft von Smike, die so mancher auf einer kleinen Träne schwimmend mit sich heimgetragen haben mag, vor Augen und im Ohr noch das Duett von Smike alias Daniela Hirnet und Nicholls alias Michael Hofmann am Ende des ersten Aktes."*

Die Gesamtleitung hatte Iwer Rosenboom, der Premiere am 3. Oktober folgten fünf weitere ausverkaufte Vorstellungen.

Während einer dieser Vorstellungen entlud sich ein schweres Gewitter über Zweibrücken, das Schäden an der Auladecke sicht- und spürbar machte. Für einige Minuten spannte man im Publikum Schirme auf, um sich selbst und die vor Begeisterung entflammten Feuerzeuge vor Feuchtigkeit von oben zu schützen.
Die fälligen Sanierungsarbeiten, nicht nur in der Aula, begannen 1993.

"Smike"

1989...

...feierte das nächste Musical Premiere.
„Die Uraufführung eines Musiktheaters „Betreten des Rasens verboten - (k)ein Kinderspiel", ausschließlich von Lehrkräften und Schülern des Hofenfelsgymnasiums, wurde mit großer Begeisterung vom Publikum aufgenommen....An der Eigenproduktion des Hofenfelsgymnasiums beteiligten sich Michael Dillinger, der die Idee dazu hatte, den Text lieferte und Regie führte, Matthias Wolf, der das Stück in Musik umsetzte und Gernot Waldner, nach dessen Entwürfen das Bühnenbild entstand, sowie Arnulf Scheerer, der das Stück ins rechte Licht setzte und für den Ton verantwortlich war.
Darsteller des Stücks sind Schülerinnen und Schüler aus der Gemeinsamen Orientierungsstufe, Mittel- und Oberstufe des Hofenfelsgymnasiums. Den Kern bilden dabei die Klassen 6a und 8d, die als Darsteller und Background-Chor agieren. Aus pädagogischen Gründen hat man darauf Wert gelegt, geschlossene Klassenverbände zu beteiligen. An den einzelnen Aufführungsabenden treten verschiedene Kinderteams vors Publikum....", so der „Pfälzische Merkur".

Schritte für Ruanda

1990...

...gab es weitere Premieren an unserer Schule, diesmal freilich nicht im Bereich von Musik und Theater.

Schon bald nach dem Mauerfall hatte Schulleiter Dieter Höhle Kontakt zu seinem Kollegen Dr. Joachim Bischoff in Forst an der Neiße aufgenommen, der dort mit der Wiedereinrichtung eines Gymnasiums beauftragt worden war. Im August 1990 besuchten einige Lehrkräfte des neu zusammengestellten Kollegiums das Hofenfels-Gymnasium, um sich fachliche und schulorganisatorische Tipps zu holen und den Grundstein für eine Schulpartnerschaft innerhalb der Partnerschaft der beiden „Rosenstädte" zu legen.

Auch im Sprachenangebot gabe es eine Neuerung: Zum ersten Mal konnten Fünftklässer, die Französisch als erste Fremdsprache belegt haben, zwei zusätzliche Stunden, erteilt von einer französischen Lehrkraft, belegen und damit den ersten Gehversuch im neuen zweisprachigen (bilingualen) Zweig der Schule tun.

Aber nicht nur in Richtung Osten oder Westen war man in diesem Jahr aktiv, auch Afrika wurde ins Blickfeld genommen: Auf Initiative von Studiendirektor Robert Vollmar machte sich am 1. Mai eine Gruppe von 50 Schülerinnen, Schülern, Eltern und Lehrern, den Schulleiter eingeschlossen, auf eine 50-Kilometer-Rundwanderung über die Sickinger Höhe zugunsten der Partnerschule in Ruanda, dem Centre Scolaire Ramba in Runyinya. Die Teilnehmer hatten im Vorfeld bei Mitschülern, Verwandten und Freunden um eine Spendenzusage gebeten, die bei erfolgreichem Abschluss der Wanderung eingelöst werden sollte. 10000 DM wurden so bei dieser ersten Aktion erlaufen, die „Schritte für Ruanda" finden bis zum heutigen Tag alljährlich statt.

1991...

...war im „Pfälzischen Merkur" zu lesen:

„Vom nächsten Schuljahr an wollen Hofenfels-Gymnasium und Mannlich-Realschule in der gemeinsamen Orientierungsstufe musikalisch begabten Kindern die Möglichkeit bieten, auf freiwilliger Basis im Rahmen eines erweiterten Musikunterrichts ihre Fähigkeiten einzubringen und zu vervollkommnen. In einer zusätzlichen dritten Musikstunde sollen vor allem Schüler, die bereits Musikinstrumente spielen, ins instrumentale Gruppenspiel eingeführt und für gemeinsames Musizieren motiviert werden..."

Der zweite Schwerpunkt neben dem bilingualen Französisch war geboren und erfreut sich bis heute bester Gesundheit.

A propos „Mannlich-Realschule": So heißt die Zweibrücker Realschule seit der feierlichen Namensgebung am 18. Februar.

Im Mai machte unsere Schule ein beim 125-jährigen Jubiläum gegebenes Versprechen wahr, dass nämlich alle fünf Jahre eine große Wiedersehensfeier der Ehemaligen und Freunde der Schule stattfinden solle. Freitags trafen sich die Absolventenjahrgänge 1905 bis 1990 in Zweibrücker Gaststätten, am Samstagmorgen war Gelegenheit zum Unterrichtsbesuch, am Sonntagmorgen beschloss ein Matineekonzert mit Charlotte Lehmann in der Festhalle das Wochenende.

1992...

...wurde wieder einmal die Raumnot zum Thema, ausgelöst durch eine schulpolitische Entscheidung.

Dieter Höhle schrieb in der Chronik:

„Eine Entscheidung der 1991 neu gewählten Landesregierung hat möglicherweise Langzeitwirkung: Die Eltern der Grundschüler können jetzt frei entscheiden, an welcher Schulart sie ihre Kinder anmelden. Die Aufnahmeprüfung für zur Hauptschule empfohlene Kinder ist weggefallen. Für das Schuljahr 1992/93 haben wir in der Gemeinsamen Orientierungsstufe zehn statt bisher neun fünfte Klassen aufgenommen. Wir werden sehr genau beobachten müssen, wie die Lehrplanziele mit der sich verändernden Schülerschaft weiterhin erreicht werden können. Die ansteigende Schülerzahl wirft auch Raumprobleme auf, die Gespräche über einen Anbau notwendig werden lassen. Die Erhaltung der bestehenden Gebäude bereitet ebenfalls Sorgen. Schwimmbecken, Bühne und Dach der Aula sowie die Fassade des Schulgebäudes müssen saniert werden. Nach 27 Jahren ununterbrochener Nutzung müssen wir uns - sofern Geld vorhanden sein wird - auf einige Unbequemlichkeiten während der Reparaturphase einstellen."

Die Sanierungskosten wurden vom Bauamt auf 24 Millionen Mark geschätzt; zeitweise kam sogar ein Abriss mit anschließendem Neubau ins Gespräch, wurde dann aber verworfen. Die Baumaßnahmen sollten fünf Jahre dauern, während des ersten Jahres sollte die Schule ausgelagert werden. Als Ausweichquartiere wurden das Highschool-Gebäude auf dem Flugplatz oder die leerstehenden Kreuzberg-Kasernen in Betracht gezogen.
Vieles kam anders als geplant. Die Auslagerung konnte vermieden werden, die Sanierungsarbeiten fanden bei laufendem Unterrichtsbetrieb statt.

1993...

...wechselte die Besatzung im Sekretariat. Angelika Wingfield und Jutta Kennerknecht wurden Nachfolgerinnen von Christel Weick und Christel Ewig...

...fuhr die von Karl Otto Stengel betreute Tischtennis-Mädchen-Mannschaft zum Bundesfinale von „Jugend trainiert für Olympia" nach Berlin und belegte dort einen hervorragenden fünften Platz...

...besuchten 969 Schülerinnen und Schüler das Hofenfels-Gymnasium...

...endete mit dem Abzug der US-Truppen aus Zweibrücken die zehnjährige Schulpartnerschaft mit der Kreuzberg-Elemen-tary-School...

...begannen die Sanierungsarbeiten des Sporttrakts...

...wurde mit der Aufführung des Tennessee Williams-Stücks „Die Glasmenagerie" die Theatertradition der Schule wieder aufgenommen. Treibende Kraft und Regisseurin war Deutsch- und Religionslehrerin Christine Orf.
Dieser ersten folgten bis zum Jahr 2004 zwölf weitere Inszenierungen, allesamt unter der Leitung von Frau Orf:
1994 „Das Haus in Montevideo", 1995 „Der Besuch der alten Dame", 1996 „Hokuspokus", 1997 „Arsen und Spitzenhäubchen", 1998 „Die Physiker", 1999 „Pünktchen und Anton", 2000 „Mein Freund Harvey", 2001 „Andorra", 2002 „Die Welle", 2003 „Ein angekündigter Mord", 2004 „Die kahle Sängerin" und „Die Unterrichtsstunde".

„Der Besuch der alten Dame"

„Das Haus in Montevideo"

1994...

...feierte die Gemeinsame Orientierungsstufe von Hofenfels-Gymnasium und Mannlich-Realschule 25-jähriges Jubiläum. Aus diesem Anlass gab man eine Festschrift heraus, die sich nach Meinung des „Pfälzischen Merkur" wohltuend von anderen Publikationen dieser Art unterschied:

„Statt in mehr oder weniger theoretischen Texten einzelne Fachbereiche darzustellen oder pädagogische Prinzipien auf dem Papier auszubreiten, hat sich die Redaktion aus Lehrkräften beider Schulen zum Ziel gesetzt, in erster Linie die Schüler/innen anzusprechen und selbst zu Wort und Bild kommen zu lassen. Herzstück des quadratischen Bändchens im himmelblauen Umschlag sind so Schüleraufsätze, in denen Kinder aus den 6. Klassen unter dem Motto „Meine Landschaft, mein Dorf, meine Stadt" in den verschiedensten Darstellungsformen ein Bild ihres Lebensbereiches zeichnen."

Im Juni führten Chor, Solisten und Instrumentalisten unserer Schule wieder ein Musical auf: „Funny Thing" von Stephen Sondheim in der Bearbeitung von Iwer Rosenboom und Matthias Wolf. Veranstaltungsort war allerdings die Contwiger Turnhalle, da in der Aula des Hofenfels-Gymnasiums bereits Vorarbeiten für die Sanierung angelaufen waren.

Kurz vor Weihnachten, am 22. Dezember, gab es dann noch einmal etwas zu feiern: den 250. Geburtstag unseres Namenspatrons, des Freiherrn von Hofenfels. Aus diesem Anlass brachten Mitglieder der Theater-AG die von Michael Dillinger geschriebene historische Revue „Dem Hof ein Fels" auf die Bühne; es war die letzte Veranstaltung in der „alten" Aula.

„Funny Thing"

„Dem Hof ein Fels"

1995...

...wurde bei aller Freude über die fortschreitende Sanierung wieder einmal die Raumnot zum Thema:

„Die Generalsanierung unserer Schulgebäude schreitet voran, und wir sehen Licht am Ende des Tunnels. Nach der Erneuerung von Sportbereich und Aula/Dach sind für die kommenden Schuljahre der Klassenbereich im Westteil und der Fachbereich im Ostteil sowie der Verwaltungsbereich und die Haustechnik an der Reihe. Da sowohl Mannlich-Realschule als auch unsere Schule aus allen Nähten platzen, ist die Entscheidung getroffen worden, sechs neue Klassenräume zu planen, die aus bautechnischen Gründen als Verlängerung des Westteils unseres Gebäudes gebaut und für die Orientierungsstufe genutzt werden sollen."

Dieter Höhle beschließt seinen „Rückblick" in der Chronik mit einem Dank an einen langjährigen Weggefährten:

Die letzte Bemerkung dieses Rückblicks soll einem Kollegen gewidmet sein, der nicht dem Hofenfels-Gymnasium angehörte, aber mit der pädagogischen Arbeit unserer Schule eng verbunden war. Herr Realschuldirektor Richard Scherer wurde nach über vierzigjähriger Dienstzeit pensioniert. Sein unermüdliches Engagement für die Gemeinsame Orientierungsstufe, deren 25-jähriges Bestehen wir im vergangenen Schuljahr gefeiert haben und zu deren Gedeihen er maßgeblich beigetragen hat, sowie seine menschliche Wärme und hohe pädagogische Qualität werden uns fehlen."

Richard Scherer wurde am 30. Juni verabschiedet, seine Nachfolge trat Realschulrektor Robert Paul an.

1996...

...konnte man am 13. Februar die Wiedereinweihung der Aula feiern.

Der „Pfälzische Merkur" schrieb unter der Überschrift „Das „Herzstück" der Schule ist saniert":
„*Das Hofenfelsgymnasium hat sein „Herzstück" wieder. Dies betonte gestern anläßlich der Fertigstellung der Aula-Sanierung der Direktor der Schule, Dieter Höhle. Mit der Einweihung der Aula kündigte Höhle zugleich „Halbzeit" der Sanierungsphase...an.*"
Ein besonderes Lob bekam die Schule dafür, dass die Sanierungsarbeiten bei laufendem Unterrichtsbetrieb durchgeführt werden konnten:
„*Oberbürgermeister Hans Otto Streuber erklärte bei der gestrigen Einweihung, daß es eine richtige Entscheidung gewesen sei, die Schule während der Sanierung nicht auszulagern. Die Arbeiten seien zügig und reibungslos verlaufen und er bedankte sich bei allen, die unter der Baustelle zu leiden hatten, für ihre bewiesene Geduld.*"

So konnten sich vom 10. bis 12. Mai die „Ehemaligen" schon unter dem neuen Auladach zum „großen Wiedersehen" nach fünf Jahren treffen.

Einer, dem das Haus ganz besonders ans Herz gewachsen war, einer, der, wie Dieter Höhle schreibt, „*alles gesehen und nie etwas vergessen hat, dem die Sicherheit der ihm in seinem Gebäude anvertrauten Personen ein ganz wichtiges Anliegen war*", ging nach 22 Dienstjahren in Ruhestand: Hausmeister Heinz Frevel.
Seither ist Albert Rayer für „Haus und Hof" zuständig.

Im selben Jahr beschloss die Kultusministerkonferenz die erste Stufe der Reform der deutschen Rechtschreibung.

1997...

...gab es innerschulisch reichlich Gesprächsanlass. Zum einen: die Fünftagewoche. Schulleiter Dieter Höhle bezog eindeutig Position:

„Eigentlich eine pädagogische Binsenweisheit: Lernprozesse verlaufen um so erfolgreicher, je weniger sie komprimiert werden und je mehr Zeit für Reflexion zwischen den Lerneinheiten bleibt. Es spräche also alles für die schulische Sechstagewoche - wenn da nicht der gesellschaftliche Anspruch auf den freien Samstag wäre. Mit einer von mir nicht vermuteten Leidenschaft und mit riesigem Zeitaufwand haben wir diskutiert und uns für die Beibehaltung des alternierenden Schulsamstags entschieden."

Zum anderen war die Gemeinsame Orientierungsstufe mit der Mannlich-Realschule in die Diskussion geraten. Auch hierzu Dieter Höhle:

„Seit 1992 werden in der Gemeinsamen Orientierungsstufe zunehmend mehr Schüler angemeldet, die nicht für den Besuch der Realschule oder des Gymnasiums empfohlen worden sind. Die bereits im Jahresrückblick 1991/92 befürchtete Langzeitwirkung der „Freigabe des Elternwillens" ist leider eingetreten. In der Gemeinsamen Orientierungsstufe muss seitdem eine Orientierung vor dem Hintergrund dreier Schularten stattfinden."

Am Ende des Schuljahres ging eine Ära zu Ende: Nach 36 Dienstjahren am Hofenfels-Gymnasium wurde der stellvertretende Schulleiter, Studiendirektor Robert Vollmar, in den Ruhestand verabschiedet. Seit dem 11. April 1961 war er Lehrer an unserer Schule, die er nach dem Ausscheiden von Dr. Carius als dessen Stellvertreter ein Jahr lang kommissarisch leitete.
Sein Nachfolger wurde Studiendirektor Karl Heinz Alles. Von nun an wurde der Stundenplan nicht mehr von Hand gesteckt, sondern am Computer erstellt.

ZUM ABSCHIED...

...schrieb Robert Vollmar einen Brief ans Kollegium; er enthält so viel zeitlos Gültiges und Bedenkenswertes, dass ich hier gerne daraus zitiere:

„...*Die Zeit des Ruhestandes wird mir sicher viel Schönes bringen - die meisten sagen ja, daß diese Zeit der schönste Lebensabschnitt sei - und die Gelegenheit geben, Versäumtes nachzuholen und je nach Lust und Laune den unterschiedlichen Interessen nachzugehen. Aber, was ich auch tue und wie ich es tue, es wird nicht schöner sein als das, was ich hinter mir lasse. Denn Schöneres, als junge Menschen zu unterrichten und mit jungen Menschen zusammezusein, kann ich mir eigentlich nicht vorstellen...*
Nun ist der Umgang mit jungen Menschen heute ein anderer als früher, weil die jungen Menschen anders sind.
Sind sie wirklich anders?
Im Wesen bestimmt nicht. Ich denke, Eigenschaften wie Lernwilligkeit, Begeisterungsfähigkeit oder Idealismus sind den jungen Menschen genauso eigen wie zu allen Zeiten. Leider sind die Keimlinge dieser guten Anlagen sehr oft - um eine Metapher des Lactanz zu gebrauchen - zugeschüttet, zugeschüttet von dem Müll unserer Zeit, unserer Gesellschaft, dem Müll der älteren Generation.
Diesen Müll wegzuräumen, um das darunter Zusammengedrückte freizulegen und zur Entfaltung kommen zu lassen - ist das nicht eine Sisyphusarbeit?
In vielen Fällen bestimmt. Und das ist frustrierend, kostet Kraft und Nerven.
Aber dieser Frust sollte nur unwesentlich unsere Freude trüben, die wir Tag für Tag durch das Unterrichten erfahren können. Denn die meisten unserer Schüler sind lernwillig und lernfähig - und auch dankbar, wenn ihnen etwas beigebracht wird; sie wollen gefordert werden - und sie haben auch das Recht, gefördert zu werden.
Auf keinen Fall sollte mangelnde Lernwilligkeit einiger auf der einen Seite mangelnde Lehrwilligkeit und Verdrossenheit auf der anderen Seite zur Folge haben..."

Verabschiedung von Robert Vollmar durch Schulleiter
Dieter Höhle am 23. Juli 1997

Leider konnte Robert Vollmar seinen Ruhestand nicht allzu lange Zeit genießen: Er verstarb am 6. Juli 2006 mit 72 Jahren an den Folgen eines Unfalls.

1998...

...besuchte die erste Schülergruppe des Hofenfels-Gymnasiums im Rahmen der im Vorjahr begründeten Schulpartnerschaft mit Auxerre die französischen Gastgeber vom Lycée Jacques Amyot. Dieser Austausch besteht bis heute und ist inzwischen auf französischer wie auf deutscher Seite mit einem Betriebspraktikum verbunden.

...wurde die Musical-Tradition der Schule mit Andrew Lloyd-Webbers JOSEPH fortgesetzt. Unter der Gesamtleitung von Norbert Barbie fanden im Juni drei restlos ausverkaufte, umjubelte Aufführungen statt, jetzt wieder auf der hauseigenen Aula-Bühne.

...rief Dieter Höhle zum wiederholten Male das Ende der Raumnot aus:

„Am alljährlich stattfindenden „Tag der offenen Tür"...konnten wir in Anwesenheit von Herrn Oberbürgermeister Streuber unseren neuen Anbau „in Betrieb" nehmen. Sechs neue Klassenräume ermöglichen nun - sofern auch das „Hotel" weiter genutzt werden kann - die Unterbringung von jeweils vier Klassen pro Jahrgang in unserem Schulgebäude, beginnend mit Klasse 5. Zum ersten Mal in der Geschichte unserer Schule können alle Schülerinnen und Schüler des vierzügigen Gymnasiums ohne Raumnot unterrichtet werden."

Aber die Geschichte sollte noch weitergehen...!

1999...

...erreichte die Schulsanierung zum Abschluss auch den Verwaltungstrakt.

„Das Sekretariat musste in einen Klassensaal umziehen, die Aufenthaltsräume der Ober- und Mittelstufe wurden gesperrt. Die Schüler verbrachten ihre Freistunden im möblierten Treppenhaus. Lehrerzimmer und Direktorat blieben noch bis zum Schuljahresende Inseln in einer Bauwüste. Mit Ferienbeginn räumten die Lehrkräfte ihre Schränke und Fächer, und die Schulleitung fand Asyl im Sekretariat." (Chronik 98/99)

Am 7. Dezember wurde die von Dieter Höhle in akribischer Arbeit zusammengestellte „Jahrhundert-Chronik 1900 - 1999" vorgestellt, eine 524 Seiten dicke Schatztruhe, schier unerschöpfliche Fundgrube auch für die vorliegende Publikation. Auf der letzten Seite ist das sanierte Schulgebäude zu sehen, freilich noch ohne die bunten Flucht- und Rettungstürme, die an die immer länger werdende Westfassade angebaut wurden und diese seither auch optisch auflockern.

Fluchtturm

2000....

...wurde das Hofenfels-Gymnasium als eine von 40 Schulen aller Schularten in Rheinland-Pfalz in ein Qualifizierungs- und Unterstützungsprogramm für Kollegien der Universität Landau aufgenommen. Das Konzept von Dr. Heinz Klippert soll die Schüler durch Methodentraining, Kommunikationstraining und Teamtraining besser befähigen, sich Lernin halte eigenverantwortlich anzueignen.

Zum Schuljahr 2000/2001 wurde dann auch an unserer Schule die Fünftagewoche eingeführt.

Am 21.6. ging mit Margarete Palz eine Lehrkraft in Ruhestand, die seit 1966 im wahrsten Sinne des Wortes das „Bild" des Hofenfels-Gymnasiums entscheidend mit prägte. Als Kunsterzieherin hat sie es immer wieder verstanden, Kreativität zu wecken.

Ihre eigene Kreativität verwirklicht sie seither mit großem, auch internationalem Erfolg als Kleiderkünstlerin, die aus ungewöhnlichen Materialien ungewöhnliche Kostüme schneidert und diese auf ungewöhnliche Art präsentiert.

Einer ihrer Schüler war Jochen Maas, von dem auf der nächsten Seite die Rede sein wird.

Kleider-Kunst von Margarete Palz, sitzend Joachim Benoit, heute Mitglied des Ensembles von „König der Löwen"

2001...

...fand, wie alle fünf Jahre, wieder das traditionelle Treffen der Ehemaligen statt, diesmal im nun komplett sanierten Schulgebäude.
Über das „Spectaculum im Spiegelsaal", das künstlerische Glanzlicht des Wochenendes im Mai, schrieb „Die Rheinpfalz":

„Hypermodern und sehr ungewöhnlich dann der Höhepunkt: Die Tanzperformance der Homburger Künstlergruppe um den ehemaligen Hofenfels-Schüler Jochen Maas. Die Spiegelkönigin herrscht mit eiserner Hand im Reich der Spiegel, bis sie darin ein junges hübsches Mädchen entdeckt. In Anlehnung an Schneewittchen beschließt sie, ihre Schergen auszusenden, um die vermeintliche Rivalin auszuschalten. Das Mädchen wehrt die Angriffe ab, verliebt sich aber in einen der Häscher.
Die Handlung hat Jochen Maas gewagt und gekonnt verpackt in Kleider aus Industrieprodukten, für deren Gestaltung er bekannt ist. So bedeckten die Körper der Darsteller verschiedenartigste Kostüme aus Folien, Metall und Kunststoffen aller Art und Farben. Im Hintergrund dazu lief immer Musik, mal klassisch, mal poppig. Die Darsteller selbst drückten sich durch Bewegung aus: Sprache oder Gesang waren nicht Mittel der Kunst. Neben den vielen verschiedenen Kostümen der Maas-Truppe waren auch die Bühne, die Aula sowie der Eingangsbereich der Schule mit Silberfolie in eine Spiegelwelt verwandelt worden.
Ausgeklügelte Spezialeffekte mit Licht, Nebel und Spiegeln, einer Seilwinde und vielen guten Ideen verzauberten das Publikum."

2002...

...verließ der erste Schülerjahrgang mit „Frühabitur" das Hofenfels-Gymnasium schon im März. Nach der neuen, für Rheinland-Pfalz gültigen Prüfungsordnung, fand das schriftliche Abitur gleich nach den Weihnachtsferien, das mündliche noch vor den Osterferien statt. Die dadurch geschaffene Möglichkeit zum Studienbeginn schon zum Sommersemester nutzten allerdings nur wenige Abiturienten; dies hat sich bis heute nicht geändert.

Zweimal standen in diesem Jahr auch wieder Aula und Bühne im Scheinwerferlicht: Am 1. Februar feierten wir unter dem bei Giovanni Trappatoni entliehenen Motto „Wir haben fertig" das Ende der Gebäudesanierung. Der „Pfälzische Merkur" berichtete:
„*10,7 Millionen Euro haben Um- und Ausbauten...verschlungen, bereitgestellt von Land und Stadt und damit vom Steuerzahler, den Höhle in seinem Dank nicht vergaß. Am Schluss des offiziellen Teils durften sich die Ehrengäste eine Scheibe von ihrem Werk abschneiden, konnten sich auf der Zunge zergehen lassen, was sie mit auf den Weg gebracht hatten: Statt der üblichen Wein- oder Buchpräsente hatte sich das Hofenfels etwas Besonderes einfallen lassen: Die Schule als Torte, einschließlich der vier Fluchttürme aus Marzipan.*"

Das zweite Großereignis ging am 28., 29. und 30. Juni über die Bühne: HAIR, das Kult-Musical der Hippie-Zeit.
„*Unter der Leitung von Ruth Gillessen und Norbert Barbie ließ eine große Zahl von Schülern das Flower-Power-Musical wieder lebendig werden...Den Darstellern und allen Beteiligten kann man bescheinigen: Ihnen ist mit der Musical-Aufführung ein großer Wurf gelungen. Drei ausverkaufte Abende und eine öffentliche Generalprobe, ebenfalls voll besetzt, zeigen, dass den Hofenfelsern eine tolle Sache gelungen ist.*", lobte der „Pfälzische Merkur".

2003...

...wurde am 29. August der stellvertretende Schulleiter, Studiendirektor Otto Graßhoff, nach 36 Jahren und fünf Monaten aktivem Dienst offiziell verabschiedet. Die Urkunde zum Eintritt in den Ruhestand war ihm bereits zum Schuljahresende am 18. Juli ausgehändigt worden, da er aber bis zum letzten Tag mit Schulleiteraufgaben beschäftigt war, wurde auf seinen Wunsch hin die Abschiedsfeier auf die Zeit nach den Ferien verschoben.

In einem Zeitungsinterview sagte er über sein Selbstverständnis als Lehrer: *„Dass die Kinder mittags nicht zu Hause erzählen, heute war er wieder unausgeschlafen, unvorbereitet und übel gelaunt. Wenn mir das gelungen ist, bin ich froh."*

Physiklehrer Karl-Heinz Alles verglich ihn in seiner kleinen Laudation mit dem Otto-Motor: *„Er besitzt eine hohe Laufruhe, verzeiht auch Fehler, er mag Trittbrettfahrer nicht und, wenn er richtig eingestellt ist, kommen zum richtigen Zeitpunkt die zündenden Ideen."*

Die von Otto Graßhoff in der Schulleitung wahrgenommenen Aufgaben übernahm Studiendirektor Michael Dillinger.

Otto Graßhoff bei seiner Abschiedsrede

2004...

...galt es schon wieder Abschied zu nehmen: diesmal von Studiendirektor Iwer Rosenboom, und, wie sich das bei einem Musikpädagogen gehört, bedankte sich die Schulgemeinschaft bei ihm für 36 Jahre Engagement mit einem Konzert, das „Die Rheinpfalz" wie folgt ankündigte:

„...unter dem Motto „Thank You for the Music" verabschiedet das Zweibrücker Hofenfels-Gymnasium am Samstag, 10. Juli, ab 19 Uhr in der Aula den Musiklehrer Iwer Rosenboom. „Es gibt sehr viele, die durch seinen Einsatz ein besonderes Verhältnis zur Musik bekommen haben", begründet Matthias Wolf, Leiter des Fachbereichs Musik, warum sich auch viele Ehemalige zu diesem Abend noch einmal treffen, um musikalisch „Danke" und „Auf Wiedersehen" zu sagen."

„Thank You for the Music"

2005...

...setzte sich die Serie der Verabschiedungen fort: Am 21. Juli endete am Hofenfels-Gymnasium die Ära Höhle. Über die Feierstunde war am Tag darauf im „Pfälzischen Merkur" zu lesen:
„*Der Leitende Regierungsschuldirektor Manfred Hewer bedankte sich gestern in der Feierstunde zur Verabschiedung von Oberstudiendirektor Dieter Höhle für die stets mit Engagement und Kreativität geleistete Arbeit des scheidenden Direktors, der auch Nebenämter und Ehrenämter stets mit Elan ausgefüllt habe. Hervorzuheben seien ebenso seine Förderung der Musikerziehung, sein Einsatz für bilingualen Unterricht...Herauszustellen sei überhaupt das Arbeiten mit neuer Methodik, Stichwort: Klippert-Programm. 20 Jahre habe Höhle das Hofenfels-Gymnasium vorbildlich geführt."*

Auch Oberbürgermeister Helmut Reichling würdigte Dieter Höhle und zeichnete ihn zum Dank für sein Wirken für den Schulstandort Zweibrücken im Namen des Stadtrats mit der Stadtehrenplakette aus.

Gleichsam als Abschiedsgeschenk der Schule gab es noch einmal ein Musical: „Linie I" wurde vom 14. bis 17. Juli viermal vor ausverkaufter Aula aufgeführt.

Bevor Dieter Höhle ging, hatte er am 30. Juni noch selbst eine Verabschiedung vorgenommen: Gerlinde Scheerer, seit 1978 offiziell als Bibliotheksangestellte, inoffiziell aber auch als Sozialarbeiterin, Seelsorgerin und Anwältin des Kindes am Hofenfels-Gymnasium tätig, ging in Ruhestand.

IN DIESEM JAHR...

...gab es aber nicht nur Verabschiedungen. Als Nachfolgerin von Gerlinde Scheerer trat Anne Morgenthaler ihren Dienst in der Schulbibliothek an, zum neuen Schulleiter wurde Werner Schuff ernannt; im Vorwort zur Chronik 2004/2005 stellte er sich den Lesern vor:

„Nach dem Abitur am Rittersberg-Gymnasium in Kaiserslautern im Jahr 1974 und der sich anschließenden Bundeswehrzeit studierte ich an der Universität Kaiserslautern die Fächer Mathematik und Physik für das Lehramt an Gymnasien. Das Referendariat absolvierte ich am Studienseminar in Speyer...Meine erste Planstelle erhielt ich 1983 am Gymnasium Lilienthal in Niedersachsen; dort unterrichtete ich die Fächer Mathematik, Physik und Informatik. Im Jahr 1993 wurde ich an das Sickingen-Gymnasium in Landstuhl versetzt, wo ich zuletzt als erster ständiger Vertreter des Schulleiters tätig war und zuvor auch die Schullaufbahnberatung betreute..."

Der „Pfälzische Merkur" zitierte aus Werner Schuffs Rede anlässlich seiner Amtseinführung:
„*Für eine „offene, menschliche und leistungsbejahende Schule" einzutreten, nannte der Mathematik- und Physiklehrer als einen Eckpunkt seiner neuen Aufgabe. Leistungsbejahend bedeute, dass man junge Menschen für Anforderungen im Beruf vorbereite. Die Schule müsse sich weiterentwickeln und Qualitätsbewertungen stellen. Menschlich bedeute gegenseitige Achtung und Rücksichtnahme. Und offen heißt für Schuff, dass sich die Schule öffne für neue Ideen und andere Institutionen wie Fachhochschule, Justizbehörde oder Stadtmuseum."*

Schulleiter Werner Schuff

Verabschiedung: Arnulf und Gerlinde Scheerer

2006...

...ging es weiter mit den Verabschiedungen: Ein Jahr nach seiner Frau verließ auch Arnulf Scheerer die Schule, an der er seit 1970 als Technischer Assistent gearbeitet hatte. Dankeschön sagte ihm die Schulgemeinschaft mit einem fast nur von Lehrerinnen und Lehrern gestalteten Kleinkunstabend unter dem Motto „Wir können auch anders". Zum Glück wurde die Stelle, um die viele andere Schulen das Hofenfels-Gymnasium, beneiden, schnell wieder besetzt: Jürgen Tretter heißt seit dem 1. Februar 2006 der neue Mann an den Schalt- und Steuerpulten.

Zum Schuljahresbeginn 2006/2007 wurde das Hofenfels-Gymnasium Ausbildungsschule für Referendare des Studienseminars Kaiserslautern.

Vom 19. bis 21. Mai fand, wie alle fünf Jahre, wieder ein großes Ehemaligentreffen statt, anlässlich dessen Chöre und Instrumentalgruppen der Schule zur Matinee „Film ab!" einluden.

Im Dezember konnte Physiklehrer Peter Burkhard als Leiter des Schülerprojekts „Wir unter Strom" mit berechtigtem Stolz vermelden: *„Nach einem Jahr Vorbereitung, Organisation, Planung und Gesprächen mit Vertretern von Stadt und Bauamt wurde...die Photovoltaikanlage auf dem Dach des Hofenfels-Gymnasiums erstmals in Betrieb genommen."*

Die Anlage wurde von der Schüler-AG selbst konzipiert und installiert und wirft inzwischen Gewinn ab, der der Schule zugute kommt.

Eine andere Baumaßnahme kündigte der Schulleiter in der Chronik an: *„Sehr erfreut waren wir über die Nachricht, dass der Anbau mit zwei Unterrichtsräumen von der Stadt Zweibrücken genehmigt wurde und die Bauarbeiten vor den Sommerferien beginnen konnten. Wir rechnen damit, dass die neuen Räume nach den Herbstferien 2006 bezogen werden können...Zum ersten Mal in unserer Schulgeschichte werden wir am Hofenfels-Gymnasium durchgehend 5-zügig in der Mittelstufe und erreichen mit ca. 1200 Schülerinnen und Schülern eine Rekordmarke. Die neuen Räume helfen uns sehr, lösen aber nicht unser grundsätzliches Raumproblem in der Schule."*

2007...

...wurde in die Tat umgesetzt, was Werner Schuff in seiner Antrittsrede angedeutet hatte: Zum ersten Mal machten alle Schülerinnen und Schüler der 9. Klassen vom 21. Mai bis zum 1. Juni ein vierzehntägiges Betriebspraktikum und gewannen so Einblicke in die Arbeitswelt.

Am 1. Juni erschien im „Pfälzischen Merkur" ein Artikel unter folgender Schlagzeile:
„Schüler geben Glimmstängel ab"
Nachdem die Schülerschaft in einer Umfrage mit großer Mehrheit ein Rauchverbot auf dem Oberstufen-Pausenhof befürwortet hatte, beschloss die Gesamtkonferenz, dass das Hofenfels-Gymnasium mit Wirkung zum 31. Mai, dem Weltnichtrauchertag, rauchfreie Schule wird.
Die Lehrer waren mit gutem Beispiel vorangegangen und hatten schon ein Jahr zuvor das Raucherzimmer aufgelöst.

Am 25. März verstarb Martha Schwalbe, Vorsitzende des Bundes der Ehemaligen von 1964 bis 1982, später dessen Ehrenvorsitzende, im Alter von 86 Jahren. Frau Dr. Wilhelmine Gölz, ihre ehemalige Klassenleiterin in Zweibrücken, hatte sie einst dazu bewegt, sich im Bund zu engagieren.

Martha Schwalbe

2008...

...kam zu den schulischen Schwerpunkten Musik und Französisch ein weiterer hinzu: Seit dem 28. Februar darf sich das Hofenfels-Gymnasium „Partnerschule des Sports" nennen. An diesem Tag wurde zwischen Schule, Stadt Zweibrücken, dem Leichtathletikzentrum Zweibrücken (LAZ), dem Landessportbund und dem Bildungsministerium ein Kooperationsvertrag geschlossen mit dem Ziel, sportlich besonders leistungsfähigen Schülerinnen und Schülern Fördermöglichkeiten zu bieten.

Zu Wort meldete sich auch der musikalische Schwerpunkt: mit sechs Aufführungen von Disneys „HighSchoolMusical" vor insgesamt 2500 Zuschauern. 150 Mitwirkende hatten unter Leitung von Judith Bermes-Franke und Norbert Barbie auf, hinter und vor der Bühne zwei Jahre Vorbereitungsarbeit investiert.

Wiederkehrend wie die Musical- und Theateraufführungen am Hofenfels-Gymnasium auch das Thema Raumnot; folgende Meldung fand sich im Mai in der „Rheinpfalz":
„Das Hofenfels-Gymnasium benötigt Schulräume, weil drei gemietete Klassenräume im benachbarten ehemaligen amerikanischen Hotel ab dem kommenden Schuljahr nicht mehr zur Verfügung stehen.
Zwei zusätzliche Schulsäle werden im Erdgeschoss des 2006 gebauten Anbaus geschaffen."

Die beiden anderen weiterführenden Schulen Zweibrückens hatten in diesem Jahr etwas zu feiern: das Helmholtz-Gymnasium sein 175-jähriges Jubiläum, die Mannlich-Realschule den Umzug ins neue Gebäude. In letztgenanntem nutzt das Hofenfels bis heute vier Klassenzimmer; der Raumnot wegen.

„HighSchoolMusical"

Schulpartnerschaft mit Bitche

2009...

...schien die Zweibrücker Schullandschaft in Bewegung zu kommen:
„*Der Stadtrat beschloss gestern Abend, beim Land eine Integrierte Gesamtschule (IGS) zu beantragen. Im Zuge der Schulreform, ab 2013 verbindlich, will der Rat bereits ab dem Schuljahr 2010/11 die drei Hauptschulen durch eine Realschule plus und eine IGS ersetzen...Der Rat stimmte dem Verwaltungsvorschlag zu, die IGS in den Gebäuden der Mannlich-Realschule und der Schiller-Hauptschule einzurichten. Die Realschule plus soll in den Gebäuden der Hauptschule Mitte und der Hauptschule Nord untergebracht werden.*", so „Die Rheinpfalz" am 26. Februar.
Gegen diese Vorschläge wehrte sich die Mannlich-Realschule, da die Umwandlung in eine IGS die Auflösung der Gemeinsamen Orientierungsstufe bedeuten würde, die vom Hofenfels-Gymnasium schon seit einiger Zeit gewünscht wird.
Im Juli war die Antwort aus Mainz im „Pfälzischen Merkur" zu lesen:
„*Land bremst Zweibrücker Schulpläne - Anträge für Gesamtschule und Realschule seien nicht ausreichend begründet
Das Bildungsministerium lässt die Zweibrücker Stadtverwaltung nachsitzen: Das vorgelegte Konzept sei nicht geeignet, um schon zum übernächsten Schuljahr die Hauptschulen abzuschaffen. Es könne aber nachgebessert werden.*"
In Contwig nahm die IGS zum Schuljahresbeginn den Betrieb auf!

Am 4. Juni wurde in einer kleinen Feier eine neue Schulpartnerschaft zwischen dem Hofenfels-Gymnasium und dem Lycée St. Augustin in Bitche offiziell beurkundet. Damit haben nun auch Oberstufenschüler die Möglichkeit, grenzüberschreitend Projekte gemeinsam mit französischen Partnern durchzuführen.

Seit November 2009 können Schüler und Lehrer dienstags und donnerstags in der Schule zu Mittag essen. Für 3,95 Euro gibt es Hauptspeise, Salat und Dessert, serviert vom ASB.

2010...

...verlängerte sich der Yorktown-Aufenthalt für die am Austausch teilnehmenden Schüler und den betreuenden Lehrer unfreiwillig um zehn Tage. Wegen der vom isländischen Vulkan Eyjafjallajökull ausgestoßenen Aschewolke musste der Rückflug zweimal kurzfristig verschoben werden.

Spontan reagierte die Schulgemeinschaft auf die Erdbebenkatastrophe in Haiti. Auf Initiative der Klasse 10a wurden binnen einer Woche 2300,00 Euro an Spendengeldern gesammelt und dem Diakonischen Werk zur Weiterleitung übergeben.

Im Mai kam Post von Bildungsministerin Doris Ahnen. Sie schrieb:
„Sehr geehrter Herr Schuff,
die jungen Schülerinnen Ihrer Schule hatten sich in der Sportart Tischtennis für das Bundesfinale 2010 im Rahmen des Wettbewerbs „Jugend trainiert für Olympia" in Berlin qualifiziert. Im Vergleich mit den besten Mannschaften der Länder im Wettkampf III konnten sich die Spielerinnen des Hofenfels-Gymnasiums hervorragend platzieren. Die Sportlerinnen schafften eine große Überraschung und erkämpften sich den zweiten Platz. Über dieses Ergebnis habe ich mich sehr gefreut und gratuliere allen, die an diesem Erfolg beteiligt waren, sehr herzlich. Ich wünsche den sportbegeisterten Schülerinnen und Schülern Ihrer Schule sowie den begleitenden Lehrkräften für weitere schulsportliche Wettkämpfe viel Erfolg."

Dieser zweite Platz der von Karl-Otto Stengel betreuten Mädchen war der größte Erfolg einer Schulmannschaft des Hofenfels-Gymnasiums bei einem Bundesfinale von „Jugend trainiert für Olympia" seit der ersten Teilnahme der „Knoll-Girls" 1969.

Für einen weiteren großen sportlichen Erfolg sorgte ein frisch gebackener Ehemaliger: Im März hatte er sein Abiturzeugnis bekommen, im Juli wurde er mit der sensationellen Weite von 82,52 Metern U20-Weltmeister im Speerwerfen: Till Wöschler.

Zweiter Platz beim Bundesfinale

Till Wöschler

IM JUBILÄUMSJAHR 2011...

...unterrichten am Hofenfels-Gymnasium Anette-Ackermann-Heisler, Sven Alteepping, Karl-Heinz Alles, Jürgen Albert, Hubertus Aull, Norbert Barbie, Anja Becher, Judith Bermes-Franke, Mandy Bikowski, Nadja Blees, Matthias Brockelt, Martine Buder, Stefanie Carbon, Wolfgang Conrath, Michael Dillinger, Michael Dorda, Sylvia Dörner, Sabine Dürre, Andreas Eger, Renate Felten, Philippe Forthoffer, Waltraud Finkler, Katrin Fischer, Christiane Freimann, Juliette Glaub, Annette Goldstein, Christoph Haberer, Peter Harant, Anne-Katrin Helms, Karin Heitmann, Stefanie Helfrich, Hildegard Hillert, Bettina Kammenhuber, Aude Kroeger-Schurich, Dr. Thomas Knoblauch, Jürgen Knoll, Willi Knoth, Werner Kraft, Martina Kurschilgen, Stefan Lang, Christof Loch, Anita Mayer, Maria Maurer, Katharina Minakaran, Suzanne Morin-Triebfürst, Ellen Müller, Manfred Marx, Christine Orf, Dieter Oberkircher, Dr. Steffen Patzelt, Maria Pirro, Wulf Pippart, Natascha Popp, Christina Rauch, Joachim Rubel, Annedore Rittershofer, Sarah Sophie Robiné, Joelle Robert, Iris Seyler, Werner Schuff, Michael Scheffe, Wilrun Schellinger, Barbara Schindler, Stefanie Schneider, Hans-Werner Schreiner, Mirjam Sitzmann-Kausch, Elke Stauder, Karl-Otto Stengel, Camilla Sternheim, Franz-Josef Schuler, Elisabeth Schanding-Wirtz, Doris Scholz, Klaus Velten, Erhard Vogel, Sebastian Voltz, Tobias Weber, Michael Welsch, Sigrun Weis, Silke Weingart, Matthias Wolf, Franz Zahler, Eleonore Zimmer, Sebastian Zickwolf,

Annette Lux und Gottfried Steffens als „Leihgaben" des Helmholtz-Gymnasiums,

Mathias Backes, Nina Buxbaum, Julia Jacob und Melanie Webel als „Altreferendare",

Ines Becker, Kathrin Fuchs-Nesselberger, Kerstin Griesemer, Felix Klug, Christian Kolb und Meike Röhrig als „Jungreferendare" sowie Christoph Robiné als Seiteneinsteiger.

Das Lehrerkollegium 2011

...besteht die Schulleitung aus

v.l.n.r.: Michael Dillinger (2. Stellvertreter), Werner Schuff (Schulleiter), Karl-Heinz Alles (1. Stellvertreter)

...arbeiten in der Verwaltung

v.l.n.r.: Albert Rayer, Michael Frey (Hausmeister), Jürgen Tretter (Technischer Assistent), Anne Morgenthaler (Bibliothek), Jutta Kennerknecht, Angelika Wingfield (Sekretariat)

...ist Lukas Knauer Schülersprecher (auf dem Foto 3.v.l. in der unteren Reihe) und Fabius Damm sein Stellvertreter; sie vertreten fast 1200 Schülerinnen und Schüler im Haus; um die Kasse kümmert sich Jens Wagner, Schriftführer ist Rutger Kuwertz, Sprecherinnen für Unter- und Mittelstufe sind Marie Claire Lelle und Kristin Knoll...

...gehören zum Schulelternbeirat Stefan Eisenbeis (Schulelternsprecher), Thomas Bullacher, Barbara Danner-Schmidt, Dr. Ina Hartmann-Mielke, Ingrid Krämer, Jörg Lugenbiel, Günter Mache, Birgit Mak, Stephanie Neuner, Mathias Palm, Silbvia Reinert, Ingrid Sefrin, Frank Stegner, Katrin Weidemeier und Dr. Klaus Wöschler...

...ist Dr. Christoph Erhard Vorsitzender des Bundes der Ehemaligen und Freunde, Christian Clemens sein Stellvertreter; Ingrid Sefrin, Petra Ziemerle und Frank Engelmann sind für die Kasse zuständig, Schriftführer ist Klaus Danner.
Beisitzer sind die beiden Ehrenvorsitzenden Dr.Wolfgang Carius und Dieter Höhle, außerdem Otto Graßhoff, Margarete Palz, Kerstin Raeder, Gerhard Rinner, Gerlinde Scheerer und Elena Süs.

Das SV-Team 2011

...sind zum Zeitpunkt der Drucklegung dieser Festschrift folgende Veranstaltungen und Veröffentlichungen geplant:

08.04., 19.30h:	Buntes Programm in der Aula mit Vorstellung der Festschrift, des von der Sparkasse Südwestpfalz gestifteten neuen Flügels und des Jubiläumsweins, des „Hofenfelser Weiß- bzw. Rotfuchs"
14.04., 19.30h:	Klavierabend mit Sebastian Voltz, Konzertpianist und Musiklehrer am Hofenfels-Gymnasium
02.05., 7.40h:	Morgendlicher Festgottesdienst in der Aula
17.06., 18-24h:	Schulfest in den Räumen und Höfen unserer Schule
23.09., 11.15h:	Festakt in der Aula mit einem Vortrag von Prof. Dr. Wolfram Carius
24.09., 15-18h:	Großes Ehemaligentreffen in der Schule mit Bewirtung, Hausführungen und buntem Programm
25.09., 11h:	Aufführung der „Carmina Burana" von Carl Orff durch Schüler, Lehrer und Ehemalige
November:	Erscheinen der Chronik 2010/2011 mit einer Nachlese der Jubiläumsfeierlichkeiten sowie Namen und Bildern aller Schülerinnen und Schüler der Jubiläumsjahrgänge

...liegen der Stadt fertige Pläne für eine Teilüberbauung des MSS-Hofes vor: Wir benötigen dringend einen weiteren naturwissenschaftlichen Raum und ein zweites Lehrerzimmer.

Das Thema „Raumnot" wird uns treu bleiben.

EIN AUSBLICK...

...auf die nächsten 150 Jahre wäre sicherlich nicht seriös, dennoch wage ich für die nähere Zukunft die Prognose, dass neben der Raumnot auch die Veränderungen in unserer Gesellschaft weiterhin unser Schulleben beeinflussen werden.

Der relativ geringe Anteil der Jungen an den Abiturjahrgängen (zur Zeit etwa 44%) wird sich wieder erhöhen müssen. Dies kann durch eine Anpassung der Lehrpläne oder gezielten Förderunterricht für Jungen geschehen. Auch die Förderung sozial benachteiligter Kinder muss uns noch besser gelingen. Beides hilft die absolute Zahl unserer Abiturienten auf dem jetzigen Niveau zu halten und absehbare Nachteile durch den demographischen Wandel zu kompensieren.

Besonders wünschenswert wäre, die Klassenmesszahl auch an Gymnasien abzusenken, da Heterogenität nicht nur ein Thema der anderen weiterführenden Schulen ist. An der Verstärkung der Schulsozialarbeit und vor allem des schulpsychologischen Dienstes wird in Zukunft kein Weg vorbeiführen.

Speziell in der Zweibrücker Schullandschaft wird ab dem Jahr 2012 durch die Abschaffung der Hauptschulen auch unsere Gemeinsame Orientierungsstufe mit der Mannlich-Realschule Veränderungen erfahren. Den neuen Schulen, den so genannten „Realschulen Plus", kommt dabei eine besondere Verantwortung zu. Entscheidend für deren Erfolg wird sein, ob man für seine Schülerinnen und Schüler eine gute Perspektive für die Zeit nach der Schule aufbauen und alle entsprechend ihrer Leistungsfähigkeit gezielt fördern kann.

Das Hofenfels-Gymnasium sehe ich für die nächsten Jahre sehr gut aufgestellt. Die Schwerpunkte Musik, Französisch und Sport werden weiterhin das Bild unserer Schule in Zweibrücken prägen. Insbesondere die musikalischen Großaufführungen auf unserer Aulabühne werden auch für zukünftige Schülergenerationen die Verbindung mit „ihrem Hofenfels-Gymnasium" intensivieren.

Wenn auch in den kommenden Jahren die neuen Medien, das Internet, soziale Netzwerke u.ä. immer mehr Eingang in den schulischen Alltag finden, das entscheidende Medium wird der Mensch bleiben. Daher ist die Fortsetzung der vielen außerunterrichtlichen Projekte an unserer Schule und ein partnerschaftliches Verhältnis zwischen Schülern, Lehrern und Eltern unabdingbar für unsere Zukunft.

Werner Schuff

LITERATUR

Glück-Christmann, Charlotte: Zweibrücken 1793 bis 1918: Ein langes Jahrhundert, Zweibrücken 2002

Müller, Josef: Zweibrücken, Geschichte eines städtischen Gemeinwesens 1660 – 1930, Zweibrücken 1948

Schiffler, Prof. Horst: Die Pfälzische Schule in bayerischer Zeit, Publikation des Saarländischen Schulmuseums Ottweiler, Ottweiler 1993

Sehling, Emil (Hrg.): Die evangelischen Kirchenordnungen des 16. Jahrhunderts, Band 18, Rheinland-Pfalz I, Tübingen 2006

FESTSCHRIFTEN:

Blätter der Erinnerung, Zur 90-Jahr-Feier des Städt. Neusprachl. Gymnasiums Zweibrücken, 1951

Festschrift zur Hundertjahrfeier 1961, herausgegeben vom Staatlichen Neusprachlichen Gymnasium Zweibrücken, 1961

Festschrift zur Einweihung 1965, herausgegeben vom Staatlichen Neusprachlichen Gymnasium Zweibrücken, 1965

Festschrift 125 Jahre Hofenfels-Gymnasium Zweibrücken, herausgegeben vom Staatlichen Hofenfels-Gymnasium Zweibrücken, 1986

25 Jahre Gemeinsame Orientierungsstufe, herausgegeben von der Gemeinsamen Orientierungsstufe für Mannlich Realschule und Hofenfels-Gymnasium, Zweibrücken 1994

Chronik 1900 – 1999, herausgegeben vom Hofenfels-Gymnasium Zweibrücken und dem Bund der Ehemaligen und Freunde des Hofenfels-Gymnasiums, Zweibrücken 1999

WIEDERKEHRENDE PUBLIKATIONEN:

Jahresbericht der Städtischen höheren Mädchenschule in Zweibrücken, Zweibrücken, ab 1913

Jahresbericht des Städtischen Mädchenlyzeums, Zweibrücken, ab 1924

Jahresbericht der Städtischen Oberschule für Mädchen, Zweibrücken, ab 1939 (bis 1942)

Weihnachtliche Grüße, herausgegeben vom Bund der Ehemaligen des Städt. Neusprachlichen Gymnasiums Zweibrücken, Zweibrücken ab 1954 (bis 1960)

Jahresbericht des Städtischen Neusprachlichen Gymnasiums, Zweibrücken, ab 1956 (bis 1960)

Jahresgruß, herausgegeben vom Staatlichen Neusprachlichen Gymnasium und dem Bund der Ehemaligen, Zweibrücken, ab 1962 (bis 1968)

Gestern und heute, herausgegeben vom Bund der Ehemaligen und dem Staatlichen Neusprachlichen und Mathematisch-Naturwissenschaftlichen Gymnasium, Zweibrücken, ab 1973 (bis 1985)

Chronik, herausgegeben vom Hofenfels-Gymnasium und dem Bund der Ehemaligen und Freunde des Hofenfels-Gymnasiums, Zweibrücken, ab 1986 (bis heute)